과학자처럼 생각하고 실험하는 과학 놀이

생각하기
상상하기
도전하기

여러분의 반짝이는 아이디어로 이 책을 완성해 보아요.

고민하는 농부 아저씨를 위한 제안

농부는 먼저 닭을 데리고 강을 건너갑니다. 그다음 닭을 남겨 둔 채 다시 강을 건너 여우와 옥수수에게 돌아옵니다.

이번에는 여우를 강 건너로 데려갑니다. 하지만 여우와 닭을 함께 둘 수 없으므로, 여우만 남긴 채 닭을 다시 데리고 옵니다.

이번에는 닭을 내려놓고 옥수수만 가지고 강을 건넙니다. 여우가 있는 곳에 옥수수를 내려놓은 뒤, 마지막으로 닭을 데리고 옵니다.

과학자처럼 생각하고 실험하는 과학 놀이

글 런던 과학 박물관 | 그림 해리엇 러셀 | 옮김 현종오
초판 1쇄 발행일 2016년 9월 5일 | 개정판 1쇄 발행일 2021년 1월 20일
펴낸이 유성권 | 편집장 심윤희 | 편집 송미경, 김미희 | 표지 디자인 천현영 | 본문 디자인 이수빈
마케팅·홍보 김선우, 김민석, 박희준, 김민지, 김애정 | 관리·제작 김성훈, 박혜민, 장재균
펴낸곳 (주)이퍼블릭 | 출판등록 1970년 7월 28일(제1-170호)
주소 158-051 서울시 양천구 목동서로 211 범문빌딩 | 전화 02-2651-6121 | 팩스 02-2651-6136
홈페이지 www.safaribook.co.kr | 카페 cafe.naver.com/safaribook
블로그 blog.naver.com/safaribooks | 페이스북 www.facebook.com/safaribookskr
ISBN | 979-11-6637-029-8 73400

This book thinks you're a scientist
Copyright @ 2016 by Thames&Hudson Limited
The activities in this book were inspired by Wonderlab:
The Statoil Gallery at the Science Museum, London.
(www.sciencemuseum.org.uk) Produced in association with Science Museum ®SCMG
All rights reserved.
With special thanks to Toby Parkin, Natalie Mills, Thomas Woolley and Harry Cliff.

Korean translation copyright @ 2016 by E*PUBLIC KOREA Co., Ltd(Safari)
This edition is published by arrangement with Thames & Hudson Ltd, London through Kids Mind Agency, Seoul.

이 책의 한국어판 저작권은 키즈마인드 에이전시를 통한 저작권자와의 독점 계약으로 (주)이퍼블릭(사파리)에 있습니다.
저작권법에 의해 한국 내에서 보호를 받는 저작물이므로 무단 전재와 복제를 금합니다.

* Printed and bound in China

*도판 제공
p9, p15, p68, p76 : Science Museum, Science&Society Picture Library
p13 : Past Pix, Science&Society Picture Library
p22 : National Railway Museum, Science&Society Picture Library
p28, p29, p35 : National Aeronautics&Space Administration, Science&Society Picture Library
p41 : Photography Advertising Archive/National Media
p49 : Photographic Advertising/NMeM, Science&Society Picture Library
p55 : Daily Herald Archive/National Media Museum, Science&Society Picture Library
p63 : Universal History Archive/UIG, Science&Society Picture Library

과학자처럼 생각하고 실험하는 과학 놀이

글 런던 과학 박물관 | 그림 해리엇 러셀 | 옮김 현종오

그래요, 바로 여러분!

과학자가 되려면 시험관이나 분젠 버너, 비싼 실험 도구가 꼭 필요하냐고요? 절대 그렇지 않아요. 그보다는 세상을 자세히 관찰하고, 깊이 생각해 보고, 질문을 던져 보는 자세를 갖는 게 더 중요해요.
그러다 보면 예전에는 관심도 없고 생각지도 못했던 아주 사소한 현상들과 일정한 패턴들이 눈에 들어올 거예요. 그리고 호기심을 가지고 계속 탐구하다 보면 결국 해답을 찾게 되지요. 또한 여러분의 생각을 증명할 수 있는 방법도 발견할 수 있을 거예요. 우아! 이제 여러분도 과학자예요!

＊분젠 버너: 석탄 가스를 태워 높은 열을 얻는 가열 장치

차례

과학자처럼 생각하기

나와 내 조수 그리기 6
나는 사물 전문가! 8
사물 보고서 쓰기 10

힘과 운동
달리면서 그림 그리기 12
앞으로 몸 기울이기 14
미끄러지는 동전 16
책 멀리 보내기 18

수학
무한대로 뻗어 가는 프랙털 20
버스에 몇 명이나 탈 수 있을까? 22
수학 퍼즐 색칠하기 24
여우, 닭, 옥수수 옮기기 26

지구와 우주
나만의 새로운 별자리 만들기 28
지구를 움직일 수 있다고? 30
달 그리기 32
우주여행을 떠나자! 34

빛
사물의 색깔 찾아내기 36
눈으로 찍는 즉석 사진 38
거울로 바라보기 40
빛의 장애물 달리기 42

물질
탄산수 마술 44
크로마토그래피 미술품 46
맛있는 실험 48

소리
배경 소음 50
빨대 피리 연주 52
새로운 악기 만들기 54
책으로 만드는 소리 56

전기와 자기
나만의 발전소 만들기 58
휘어지는 물줄기 60
자석이 끌어당기는 힘 62
정전기로 머리 빗기 64

나만의 과학 실험실!
페이지를 오려서 직접 실험해 보아요! 66

과학자처럼 생각하기 1

나와 내 조수 그리기

당신은 호기심이라는 망토를 두른 슈퍼 과학자예요!

똑똑 활동!

나만의 옷과 실험 도구들을 그려 볼까요?

여러분이 가진 능력들을 써 보아요.
- 바늘 끝같이 예리한 정확도
- 지칠 줄 모르는 호기심

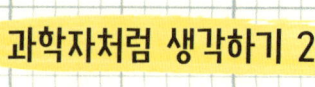

과학자처럼 생각하기 2
나는 사물 전문가!

똑똑 활동!

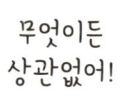
무엇이든 상관없어!

첫째 집 안에 있는 물건 가운데 하나를 골라요.

둘째 선택한 물건을 가능한 자세히 그려요.

위 물건을 설명하는 단어들을 모두 적어요.

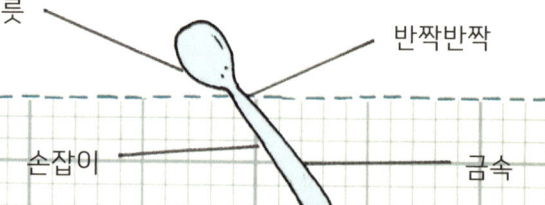

그릇 / 반짝반짝 / 손잡이 / 금속

눈이 아플 만큼 힘들게 들여다볼 필요가 없어요….

…돋보기를 사용하면 되거든요.

똑똑 활동!

물건을 객관적으로 관찰한 뒤 아래 질문에 답해 보아요.

이 물건에 대한 사실 가운데
가장 의미 없는 것 :

이 물건이 앞으로
10년 동안 하게 될 일 :

이 물건을 핥았을 때
느껴지는 맛 :

이 물건으로 할 수 있는
가장 웃긴 농담 :

이 물건을 사용하는
가장 바보 같은 방법 :

이 물건에 대해 알 수 없는 것 3가지 :
1.
2.
3.

과학자처럼 생각하기 3
사물 보고서 쓰기

똑똑 활동!

여러분이 선택한 물건으로 할 수 있는 과학 실험을 구상해 보아요. 나만의 방법으로 실험하고 측정한 뒤, 아래 빈칸에 결과를 기록해요.

★ 특급 경고 ★
여러분의 것이 아닌 물건을 실험에 사용하면 부모님이 폭발하실지도 몰라요!

얼마나 무겁나요?
....

얼마나 뜨겁나요?
....

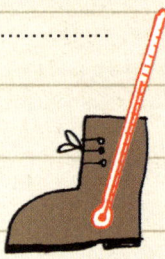

떨어뜨렸을 때 얼마나 높이 튀어 오르나요?
....

얼리면 변하나요?
예 / 아니오

빛을 반사하나요?
예 / 아니오

똑똑 활동!

아주 커다란 물체의 무게와 부피, 높이를 재려면 어떻게 해야 할까요? 나만의 근사한 방법을 찾아 적어 보아요.

우리 집에는 코끼리가 몇 마리나 들어갈까요?

자유의 여신상이 비를 피하려면 우산이 몇 개나 필요할까요?

힘과 운동 1
달리면서 그림 그리기

똑똑 활동!

집 주변이나 공원을 뛰면서 주변의 사물과
움직이는 것들을 모두 그려 보아요.

단, 반드시 뛰면서 그려야 해요!

★ 특급 경고 ★
뛸 때 꼭 주변을 잘 살펴야 해요!
사람, 가로등, 고양이 등과 부딪히거나
바나나 껍질을 밟지 않도록 말이에요.

여러분의 움직임이 그림에 어떤 영향을 줄까요? 아래 빈칸에 직선을 그어 보아요.

 걸으면서 직선 그리기

 달리면서 직선 그리기

 점프하면서 직선 그리기

개념과 원리

힘은 언제나 짝을 지어 다녀요. 물체 A가 물체 B에 힘을 가하면 A는 B로부터 동일한 크기의 힘을 되돌려 받는답니다. 즉, 두 물체가 서로에게 작용하는 힘의 크기는 같지만 방향은 반대가 되지요. 이때 한쪽 힘은 '작용', 다른 쪽 힘은 '반작용'이라고 해요. 우리는 일상 속에서 '작용과 반작용의 법칙'을 수없이 경험해요. 예를 들어 걷거나 뛸 때 다리는 땅을 밀고 그 반작용으로 땅은 다리를 되밀어요. 이때 땅은 질량이 커서 변화가 없지만, 사람은 질량이 작아서 땅의 반작용력에 의해 걷거나 뛸 수 있답니다.

작용

반작용

힘과 운동 2

앞으로 몸 기울이기

★ 특급 경고 ★
이번 활동은 특별히 더 조심해야 해요!

똑똑 활동!

첫째 바닥에 푹신한 공간을 충분히 넓게 만든 뒤 몸을 천천히 앞으로 기울여요!

둘째 넘어지지 않고 얼마나 몸을 기울일 수 있나요?

내 몸의 기울기는 어떻게 잴까요?

도무지 모르겠다고요?
자, 그럼 나만의 '기울기 측정기'를
만들어 보아요.

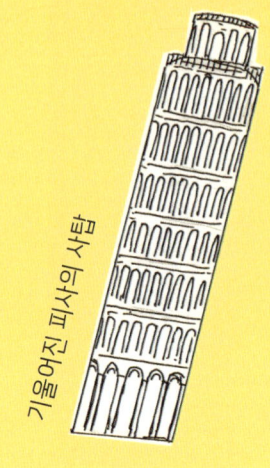

기울어진 피사의 사탑

기울기 측정기

14

발이 아닌 몸의 다른 부분으로 균형을 잡아 보아요.

나무가 넘어가요!

도전!
아래의 동작들을 따라해 보아요.
어때요, 할 만한가요?

슈퍼 히어로

☐ 1 = 쉬움
10 = 어려움

체조 선수　　　　투명 의자

물구나무서기　　　　새

중력을 발견한 아이작 뉴턴

개념과 원리

중력은 물체가 지구로부터 받는 힘이에요. 이 중력의 크기가 '무게'이며, 물체를 받쳤을 때 수평을 이루는 점이 '무게 중심'이에요. 그런데 몸을 기울이면 무게 중심이 발을 벗어나게 되어 넘어지게 되지요. 넘어지지 않으려고 발을 앞으로 뻗는 것은 무게 중심을 이동시키려는 반사적 본능이랍니다.

15

힘과 운동 3

미끌어지는 동전

똑똑 활동!

첫째

알루미늄박, 랩, 헝겊 등 각기 다른 재질의 재료들을 준비해요. 각각의 재료들을 미끄럼틀의 모양과 크기에 맞게 자른 다음 풀로 붙여요.

둘째

책을 기울여 각각의 미끄럼틀 위에서 동전을 떨어뜨려 보아요. 어떤 미끄럼틀의 동전이 가장 빠른가요?

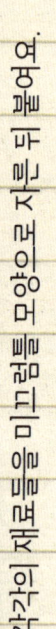

각각의 재료들을 미끄럼틀 모양으로 자른 뒤 풀여요.

재료

개념과 원리

마찰력은 '움직이는 물체의 운동을 방해하는 힘'이에요. 마찰력은 두 물체가 서로 닿는 면의 넓이나 재질 등에 따라 달라져요. 표면이 미끄러울수록 마찰력이 적게 생겨서 매끄러운 얼음 위에서 걷기 힘든 것이랍니다.

힘과 운동 4
책 멀리 보내기

똑똑 활동!

손대지 않고 책을 멀리 옮길 수 있을까요?
힘의 원리를 떠올리면서 책을 움직일 수 있는
방법을 생각해 보아요.

후 불기

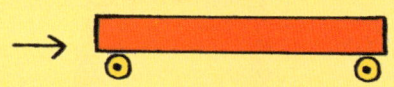

다른 물건을 사용해 책을 움직여 보는 건 어때요?
연필 두 자루를 바닥에 놓고 그 위에 책을 올려
굴려 보아요.

자를 지렛대 삼아 책을
들어 올려 볼까요?

날려 보내기

쿵!

★ 주의 사항 ★
혹시라도 이 책을 가족이나 애완동물에게 던지면 절대 안 돼요. 감사합니다.

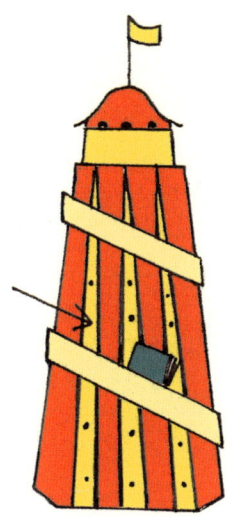

미끄러뜨리기

책을 움직일 수 있는 나만의 멋진 방법을 생각해 보고 아래에 그려 보아요.

굴리기

개념과 원리

움직이는 물체는 '운동량'을 가지고 있어요. 운동량은 물체를 멈추게 하는 힘이나 공기 저항을 만나지 않는 한, 항상 일정하게 보존되어서 물체가 계속 움직이는 거예요.

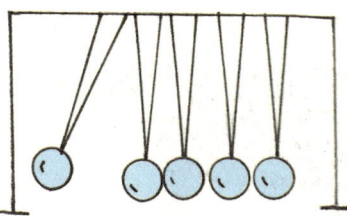

수학 1

무한대로 뻗어 가는 프랙털

똑똑 활동!

고사리 가지에 작은 가지들을 그려 넣어요.
가지 사이사이에 점점 더 작은 가지들을
계속 그려 보아요.

우아, 멋진데?

개념과 원리

'프랙털'은 어떤 한 부분이 전체의 형태와 닮은 도형이에요. 즉, 어떤 부분을 축소하거나 확대해도 똑같은 무늬가 끝없이 되풀이되는 구조를 가지고 있지요. 프랙털의 이러한 성질을 '자기 유사성', '순환성'이라고 부른답니다. 프랙털은 자연에서 쉽게 찾아볼 수 있어요. 고사리 같은 양치류 식물, 공작의 깃털 무늬, 복잡해 보이는 해안선, 소라 껍데기 등이 모두 프랙털 구조지요.

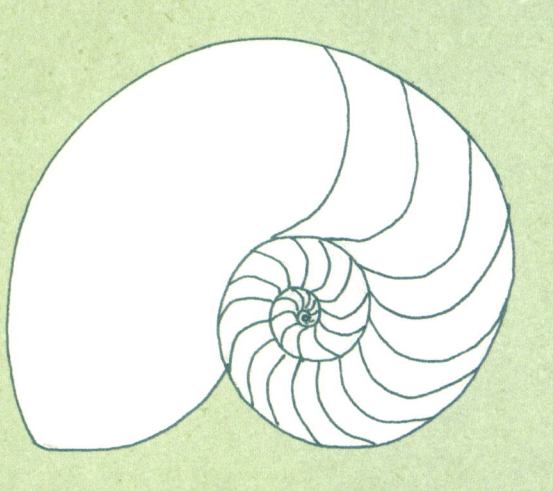

똑똑 활동!

오른쪽에 있는 시어핀스키 삼각형은 프랙털 이론을 이용해 만든 도형이에요. 각각의 삼각형 안에 거꾸로 선 작은 삼각형을 너무 작아서 더는 그릴 수 없을 때까지 그리기만 하면 돼요. 이때 작은 삼각형의 꼭짓점은 반드시 큰 삼각형 각 변의 중심에 있어야 해요. 자, 그럼 시어핀스키 삼각형을 완성해 볼까요?

수학 2

버스에 몇 명이나 탈 수 있을까?

버스에 가능한 많은 사람을 태워 보아요.
사람들은 서 있거나 앉아 있거나 누울 수 있어요.

이봐요, 날 깔고 앉았다고요!

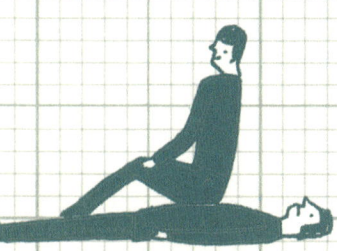

똑똑 활동!

첫째 먼저 사람을 그리는 연습부터 해 볼까요?

둘째 연습이 끝나면 버스에 사람들을 잔뜩 태워요.

이상한 자세로 몸을 구부리거나
웅크린 사람들을 그려 보아요.

개념과 원리

같은 모양의 조각들을 서로 겹치거나 틈이 생기지 않게 늘어놓아 평면이나 공간을 빈틈없이 덮는 것을 '쪽매맞춤'이라고 해요.

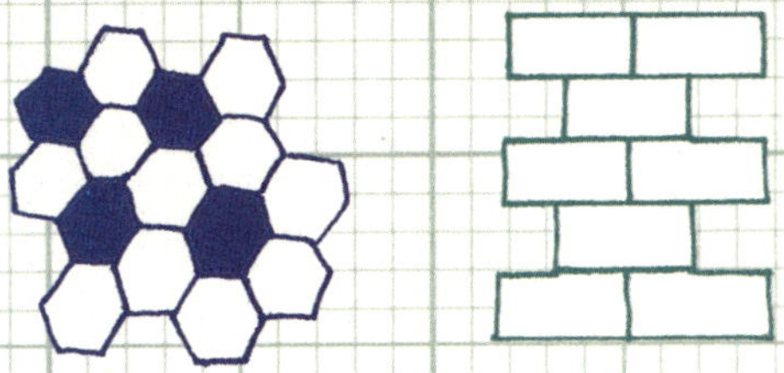

똑똑 활동!

73쪽의 도형들을 오린 뒤 아래 빈칸에 쪽매맞춤을 완성해 보아요.

쪽매맞춤 연습

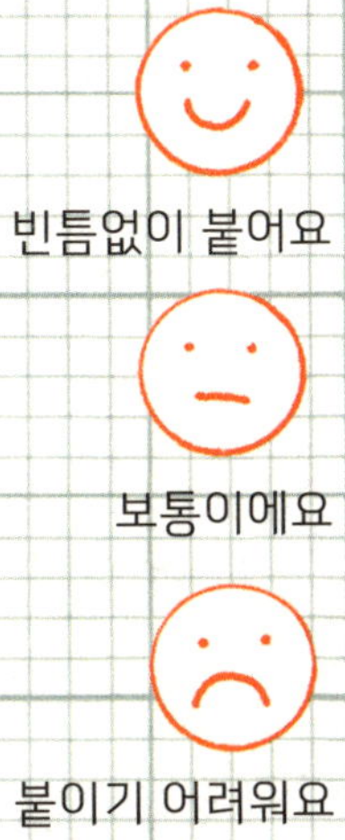

똑똑 활동!

아래의 모양 가운데 빈틈없이 붙일 수 있는 것과 그렇지 않은 것을 구분해 얼굴 표정을 그려 넣어요!

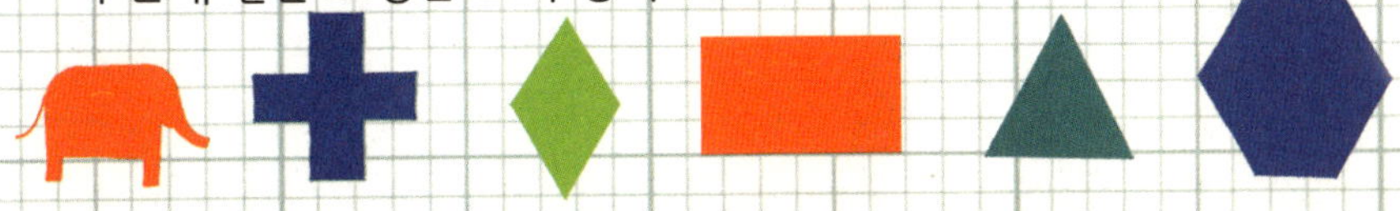

빈틈없이 붙어요
보통이에요
붙이기 어려워요

수학 3

수학 퍼즐 색칠하기

똑똑 활동!

다음 도형들을 최소한의 색깔로 칠해 보아요.
단, 같은 색깔의 면이 바로 옆에 있으면
안 돼요. (꼭짓점이 닿는 건 괜찮아요.)

아래 도형은 세 가지 색만 있으면 충분해요!

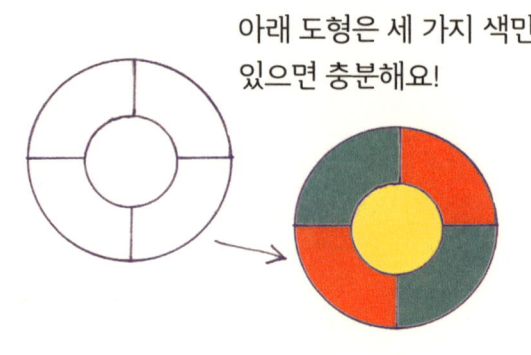

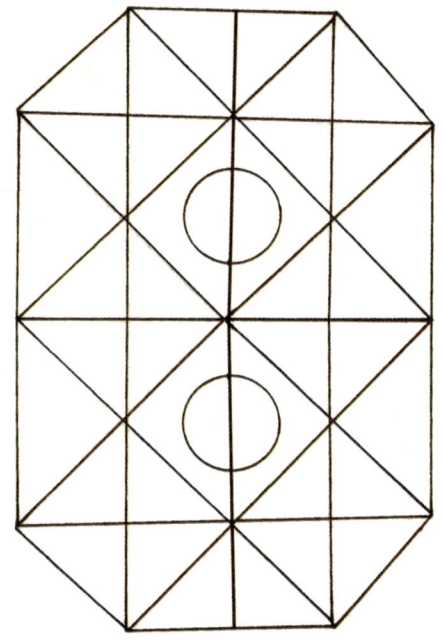

위에 있는 두 도형은 최소
몇 가지 색이 필요한가요?
또 최대로 필요한 색은
몇 가지인가요?

아래에 있는 구불구불한 선도 같은 방법으로 칠해 보아요.

똑똑 활동!

구불구불한 선을 내 마음대로 그린 뒤, 최소한의 색깔로 칠해 보아요.

개념과 원리

어떤 도형이든 최대 4가지 색만 있으면 같은 색깔이 맞닿지 않도록 칠할 수 있어요. 네, 정말로요! 이를 수학 용어로는 '4색 정리'라고 해요. 1976년 일리노이 대학교의 아펠과 하켄 교수가 대형 컴퓨터를 1200시간 이상 가동해 계산한 결과, 4가지 색이면 충분하다는 것을 증명했답니다.

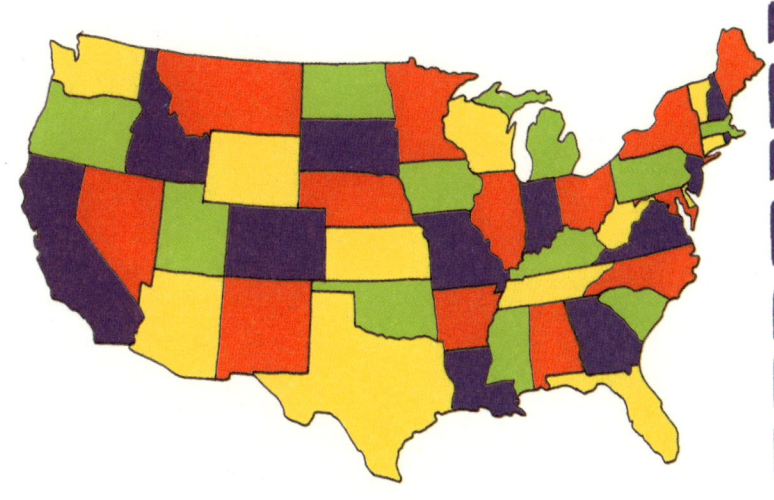

수학 4

여우, 닭, 옥수수 옮기기

똑똑 활동!

고민하는 농부 아저씨를 도와 드릴까요? 아저씨는 여우와 닭, 옥수수를 배에 실어 강 건너로 옮겨야 해요. 하지만 아저씨는 한 번에 딱 한 가지만 옮길 수 있답니다. 닭과 여우를 남겨 두면 여우가 닭을 잡아먹을 테고, 닭과 옥수수를 함께 두면 닭이 옥수수를 다 먹어 버릴 거예요. 어떻게 하면 좋을까요?

정답은 2쪽에 있어요.

꼬꼬댁 꼬꼬, 거짓말!

종이에 농부 아저씨와 여우, 닭, 옥수수를 그린 뒤 그림을 오려서 사용하면 도움이 될 거예요. 오려 낸 그림들을 실제처럼 움직이면서 퀴즈를 풀어 보아요.

개념과 원리

이 퀴즈는 수식이나 숫자가 없어서 수학과 전혀 관계없는 것처럼 느껴질 거예요. 하지만 이처럼 우리가 알고 있는 것을 바탕으로 어떤 사실을 이끌어 내는 '추론'도 수학의 중요한 영역 가운데 하나예요. 컴퓨터 프로그램도 추론을 바탕으로 만들어진답니다.

지구와 우주 1
나만의 새로운 별자리 만들기

똑똑 활동!

밤하늘을 수놓고 있는 수많은 별들을 선으로 이어서 나만의 별자리를 만들어 보아요. 그런 다음 별자리 모양에 어울리는 멋진 이름도 지어 붙여요.

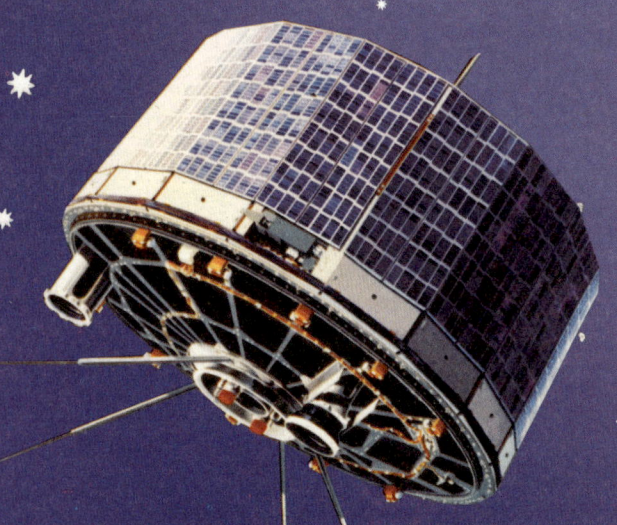

저 별자리는 '밥'이라고 불러야지.

개념과 원리

사람들은 아주 먼 옛날부터 하늘을 바라보며 별들을 몇 개씩 무리 지은 뒤 동물, 물건, 신화 속 인물의 이름을 붙였어요. 계절의 변화에 따라 위치가 달라지는 별들을 쉽게 찾기 위해서였지요. 사람들은 별들의 움직임을 보며 언제 작물을 심고, 언제 수확할지 결정했답니다.

지구와 우주 2

지구를 움직일 수 있다고?

똑똑 활동!

만약 여러분이 태양과 지구 사이의 거리를 바꿀 수 있다면 어떻게 될까요? 마음껏 상상의 나래를 편 뒤 아래 빈칸에 만화로 그려 보아요.

만화의 제목은 무엇인가요?

가장 먼저 무엇을 할 건가요?

남극과 북극에서는 어떤 일이 벌어질까요?

우리 동네에서는 무슨 일이 벌어질까요?

| 사람들은 어떻게 행동할까요? | 그러다 갑자기… |

마침내…

개념과 원리

금성, 지구, 화성은 처음에는 비슷한 환경이었어요. 하지만 물이 아주 많아 살기 좋은 지구와 달리 금성은 펄펄 끓는 행성이 되었고, 화성은 꽁꽁 얼어붙은 행성이 되었지요. 그 이유는 바로 각 행성들과 태양 사이의 거리 때문이에요. 지구는 물이 얼지 않을 만큼 태양에 가까운 한편, 물이 끓어서 수증기가 되지 않을 만큼 멀기도 하지요.
이렇게 너무 차갑지도, 너무 뜨겁지도 않아서 생명체가 살 수 있는 곳을 '골디락스 지대'라고 한답니다.

너무 뜨거워요 　 딱 좋아요 　 너무 추워요

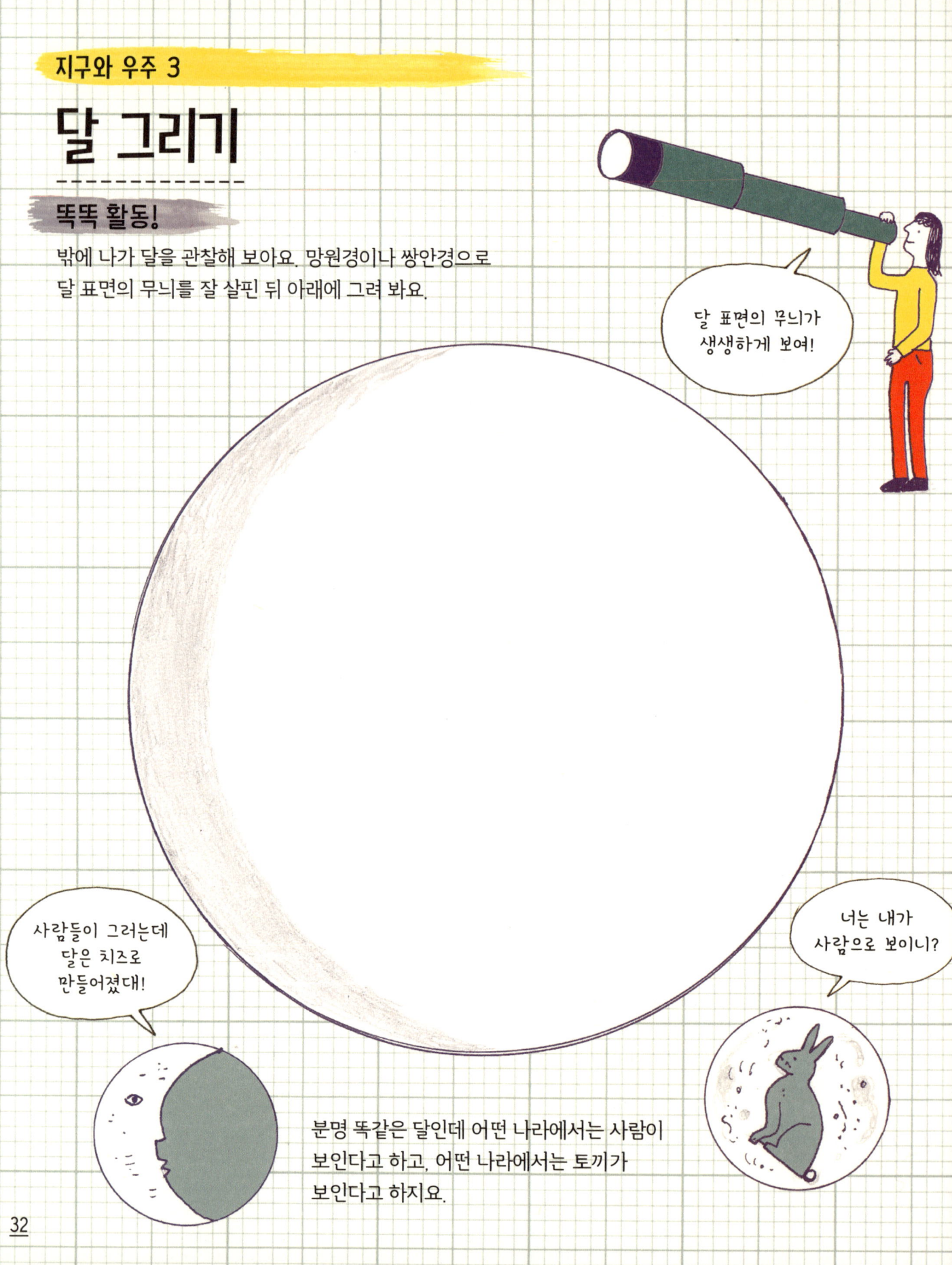

똑똑 활동!

한 달 동안 매일 같은 시각에 달의 모양을 관찰한 뒤 아래 빈칸에 그려 보아요.

위 기록은 .... 월에 관찰한 달의 모양입니다.

개념과 원리

달의 모양 변화는 달이 지구 둘레를 돌고 있기 때문이에요. 달이 공전하는 동안 햇빛을 받는 부분이 달라지는데, 우리 눈에는 햇빛을 받는 부분만 보여서 달의 모양이 다르게 보이는 거지요. 77쪽의 재료로 달, 지구, 태양의 움직임을 보여 주는 모형을 만들어 보아요.

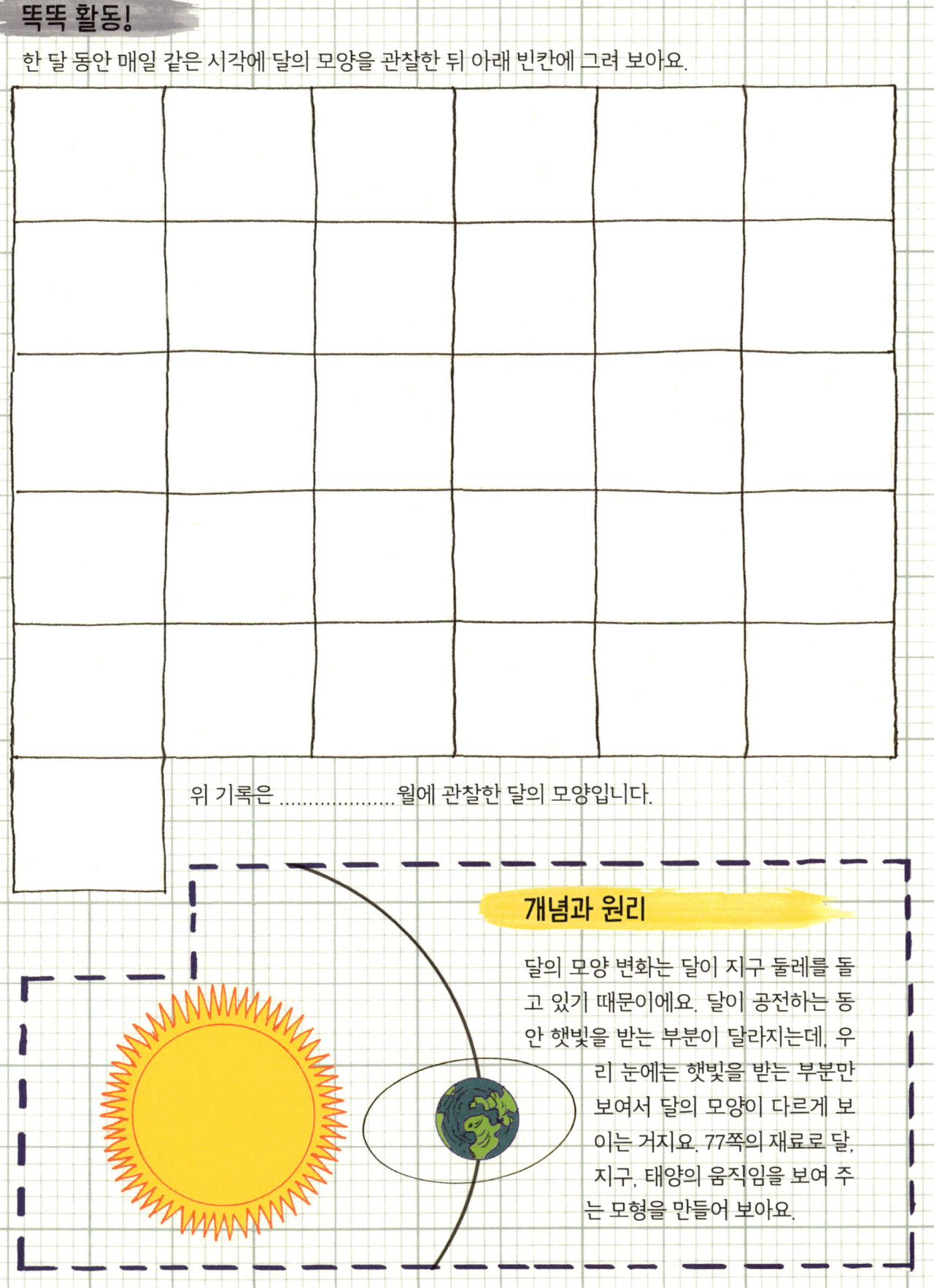

지구와 우주 4
우주여행을 떠나자!

똑똑 활동!

여러분이 우주 비행사가 되어 한 달 동안 우주를 여행하게 되었어요! 중력이 없는 우주에서 지내려면 어떤 물건이 필요할까요? 아래 빈칸에 그려 보아요.

앗, 이런!
칫솔이랑 치약을
깜빡했다!

개념과 원리

우주 정거장은 무중력 상태라서 먹고, 자고, 화장실에 가는 단순한 일들도 아주 복잡해요. 우주 비행사들은 잘 때 둥둥 뜨지 않도록 침대에 몸을 묶어야 하고, 소금이나 후추가 공중에서 떠다니지 않도록 액체로 만들어야 하지요.

* 우주 정거장 : 지구의 궤도를 도는 인공위성으로, 우주 비행사가 오랫동안 머물면서 우주를 관측하고 실험하는 기지.

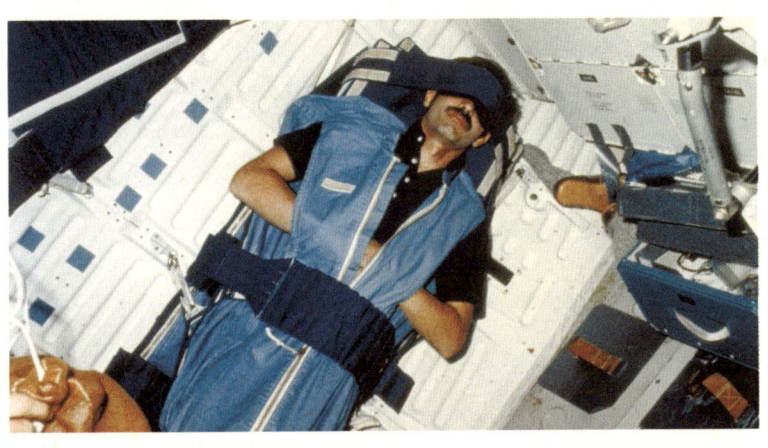

빛1
사물의 색깔 찾아내기

똑똑 활동!

첫째 신문이나 잡지에서 아래에 있는 페인트 통들과 똑같은 색깔의 물건 사진을 찾아 오린 뒤, 해당 색깔의 페인트 통 위에 붙여요.

둘째 각각의 색깔들에 특별한 이름을 붙여 보아요. '우당탕탕 산들바람'이나 '인어 발톱'처럼 창의적이고 재미난 이름으로요.

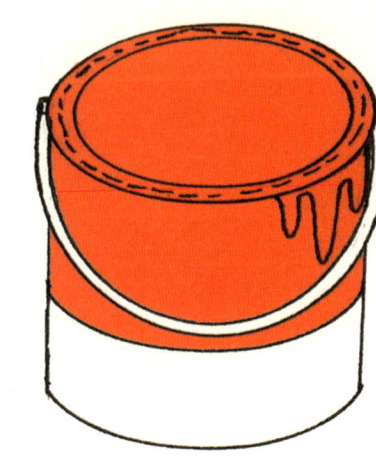
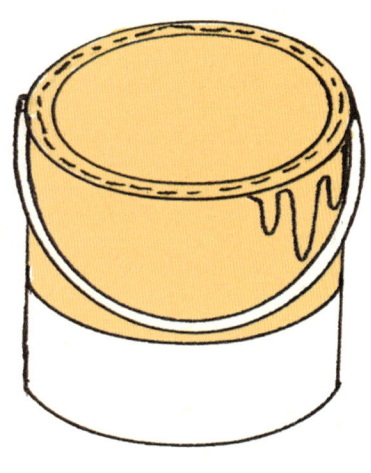
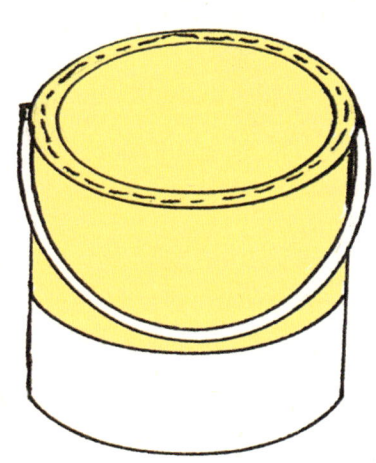
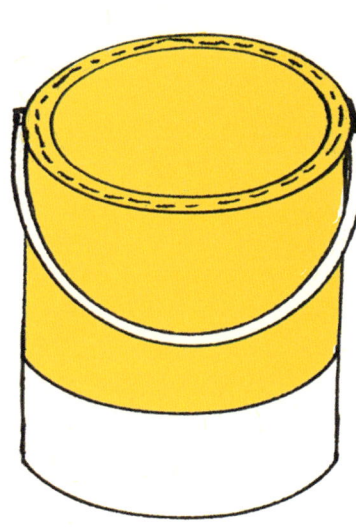
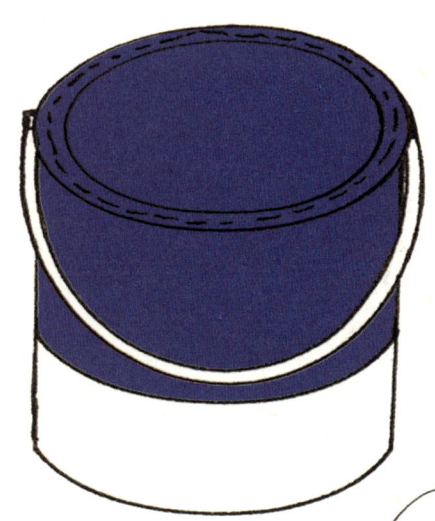
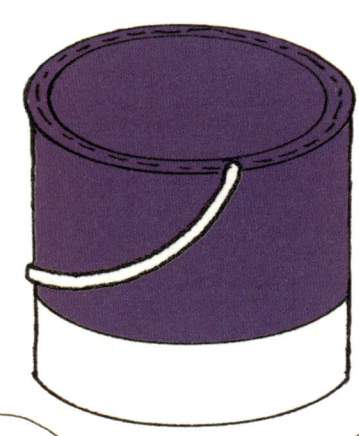

저 색깔 너랑 똑같다!

살려 줘! 나 들러붙었어!

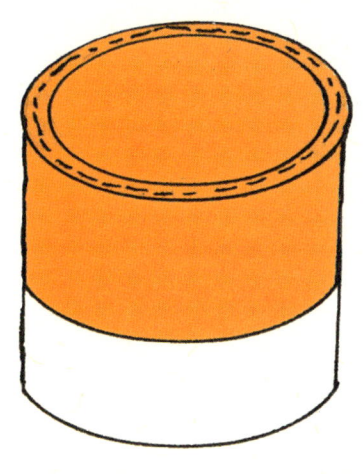

똑똑 활동!

색의 이름을 모두 정했나요?
색깔이 있는 렌즈나 페트병을 대고
페인트 통을 다시 들여다보아요.
색깔이 어떻게 달라 보이나요?

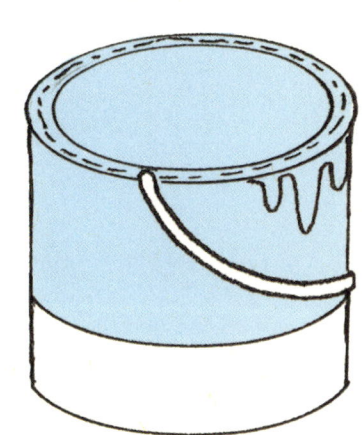

개념과 원리

사물들의 색깔이 다르게 보이는 이유는 물체가 각기 다른 방식으로 빛을 반사하기 때문이에요. 예를 들어 빨간색 꽃은 빛의 7가지 색 가운데 빨간색만 반사하고, 나머지 색들은 흡수해 버려서 빨갛게 보이는 거지요. 또 초록색 페트병이 초록빛으로 보이는 이유 역시 다른 색깔의 빛은 모두 흡수하고 초록색 빛만 통과시키기 때문이에요. 따라서 투명한 물체는 빛을 반사하지 않고 통과시킨답니다.

* 1666년 뉴턴은 프리즘 속으로 빛을 통과시켜 하얗게 보이는 빛이 실은 '7가지 색의 혼합체'라는 사실을 밝혀냈어요.

빛 2

눈으로 찍는 즉석 사진

★ 특급 경고 ★
태양을 똑바로 쳐다보면 절대 안 돼요! 태양이 기분 나빠할 뿐만 아니라, 우리 시력에도 아주 나쁜 영향을 주거든요.

똑똑 활동!

햇살이 비치는 창문이나 형광등을 조금 떨어진 곳에서 10초 동안 응시해요. 그다음 눈을 감고 눈꺼풀 안쪽에 남은 잔상을 관찰한 뒤 아래 빈칸에 그려 보아요.

만약 눈을 깜빡거리면 어떻게 될까?

똑똑 활동!

밝은 곳에서 아래 국기의 중앙에 있는 점을 20초 동안 뚫어지게 바라보아요.
그러고는 눈을 살짝 감아요. 무엇이 보이나요?

똑똑 활동!

위의 빈칸에 검은색 매직으로 입체 도형을 그려요.
밝은 빛 아래에서 20초 동안 도형을 바라본 뒤,
살짝 눈을 감아 보아요.

개념과 원리

우리 눈에는 물체의 색을 구별하는 '원추 세포'가 있어요. 그런데 우리가 어떤 색깔을 오래 보게 되면 이 세포들은 휴식과 재충전이 필요하답니다. 또 먼 곳을 볼 때는 잘 작동하지 않아서 원래 색의 보색을 보게 되지요. 원추 세포에 이상이 생기면 색 감각이 없어서 색을 구별하지 못하거나 흑백으로 보이는 색맹 증상이 나타나게 돼요.

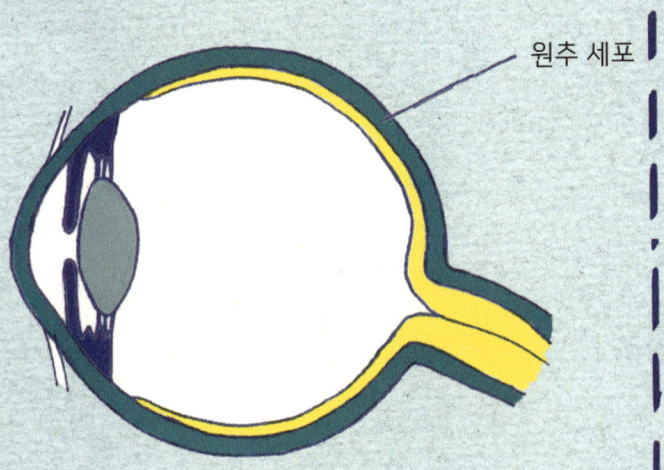

원추 세포

빛 3
거울로 바라보기

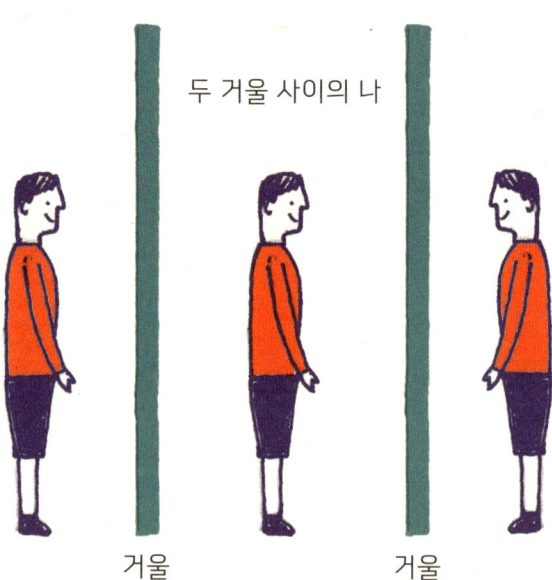

두 거울 사이의 나

거울   거울

가장 작게 비친 내 모습은 얼마나 작나요?

더 크게 말해!

똑똑 활동!

두 거울 사이에서 내가 어떻게 보이는지 그려 보아요.

내 모습이 얼마나 많이 보이나요?

안녕!

두 거울에 비친 내 모습을 그리는 일은 쉽지 않아요. 잘 안 된다고, 이상하다고 속상해하지 말아요. 원래 이상한 거니까요!

내 뒤에 누가 있는지 확인해요.

똑똑 활동!

거울 앞에서 해 보아요.

얼굴을 거울에 바짝 들이대기

차렷! 경례!

씰룩씰룩

흐느적

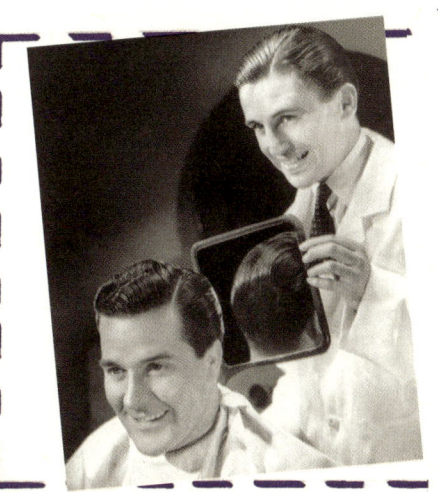

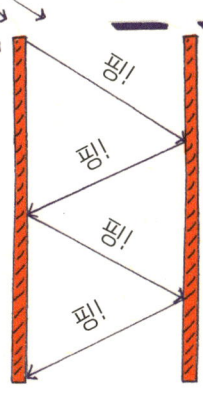

개념과 원리

나를 거울로 볼 수 있는 이유는 내 모습에서 나간 빛이 거울에서 반사된 뒤 눈으로 들어오기 때문이에요. 위 활동에서 두 거울은 자신을 포함해 서로에게 보이는 모든 것을 반사하지요. 그래서 내가 끝없이 이어지는 듯이 보이는 거랍니다.

빛 4
빛의 장애물 달리기

똑똑 활동!

빛을 반사하거나, 왜곡하거나, 통과하거나, 걸러 내는 사물들을 찾아보아요. 빛줄기가 장애물들을 통과하며 나아가는 장애물 달리기 코스를 만들어 볼까요?

빛 출발!

출발!

튕겨 나가고

빛이 강한 손전등을 사용해 빛줄기를 만들어요.

42

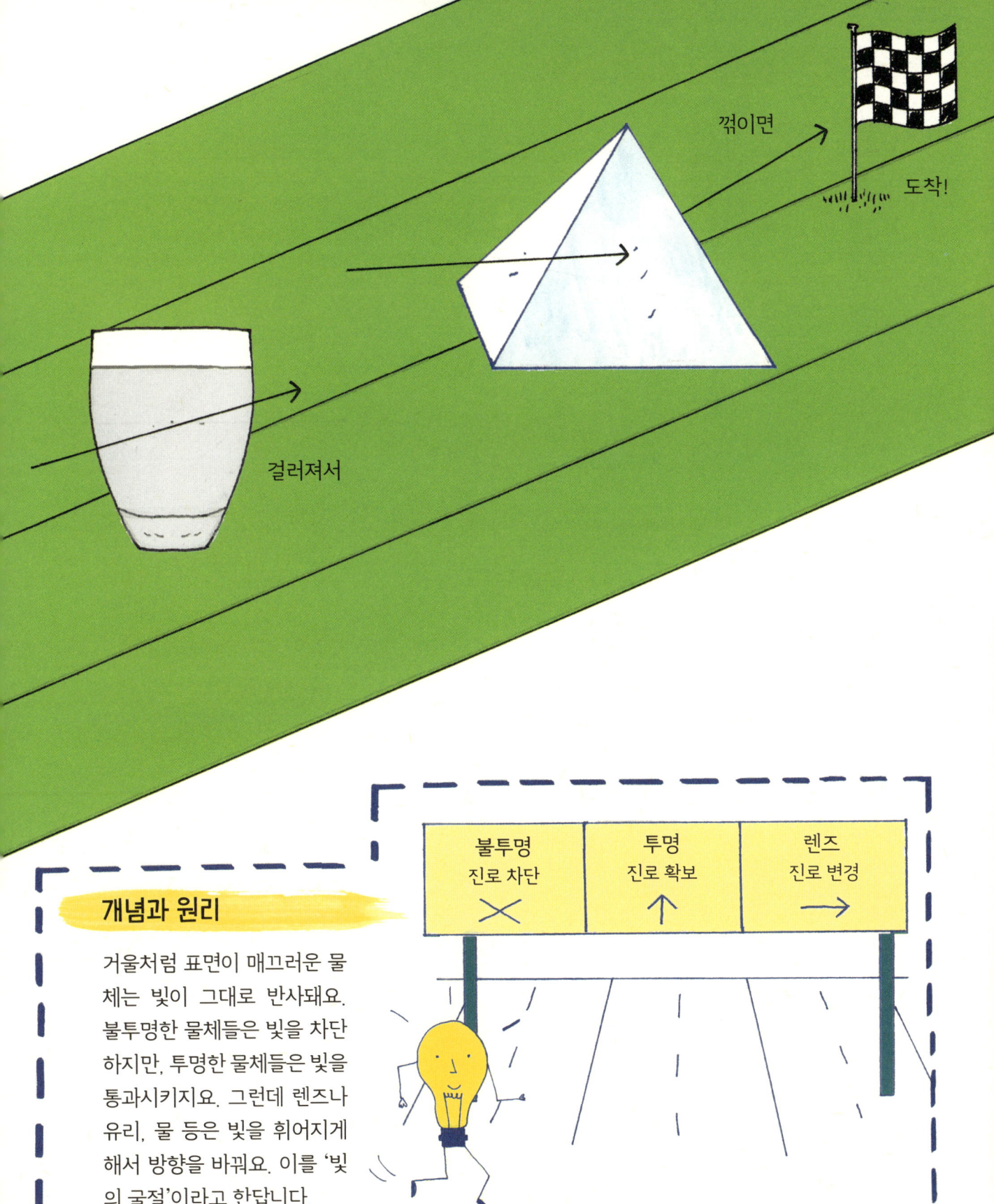

개념과 원리

거울처럼 표면이 매끄러운 물체는 빛이 그대로 반사돼요. 불투명한 물체들은 빛을 차단하지만, 투명한 물체들은 빛을 통과시키지요. 그런데 렌즈나 유리, 물 등은 빛을 휘어지게 해서 방향을 바꿔요. 이를 '빛의 굴절'이라고 한답니다.

물질 1

탄산수 마술

탄산수 한 병만 있으면 몇 초 안에
물을 얼릴 수 있는 마술 준비 끝!

놀라워라!
놀라워라!

똑똑 활동!

탄산수

첫째
탄산수를 냉동실에 넣어 두어요. 두 시간 뒤에 꺼내 보면 여전히 액체 상태일 거예요.

탄산수

둘째
뚜껑을 열어 보아요! 그럼 놀랍게도 순식간에 물이 얼어 버린답니다!

마술 전 → 마술 후

똑똑 활동!

무탄산 음료와 설탕이 들어간 탄산음료로 다시 한번 실험한 뒤, 그 결과를 아래 빈칸에 적어 보아요.

음료수의 종류	관찰 내용	결과

개념과 원리

탄산수는 기체인 이산화 탄소가 물에 녹아서 생기는 탄산 이온이 함유된 물이에요. 그런데 물 안에 이산화 탄소가 들어 있으면 잘 얼지 않아요. 그래서 탄산수를 몇 시간 동안 냉동실에 두어도 액체 상태를 유지하는 거랍니다. 그런데 뚜껑을 열게 되면 이산화 탄소가 날아가면서 물이 얼기 쉬운 상태로 변하지요. 그래서 뚜껑을 열자마자 탄산수가 얼어 버리는 거예요.

마술 전
액체와 가스

마술 후
고체

물질 2

크로마토그래피 미술품

똑똑 활동!

첫째

키친타월, 여러 가지 색깔의 수성 사인펜, 종이컵 3개, 물을 준비해요.
키친타월은 길쭉하게 잘라 두어요.

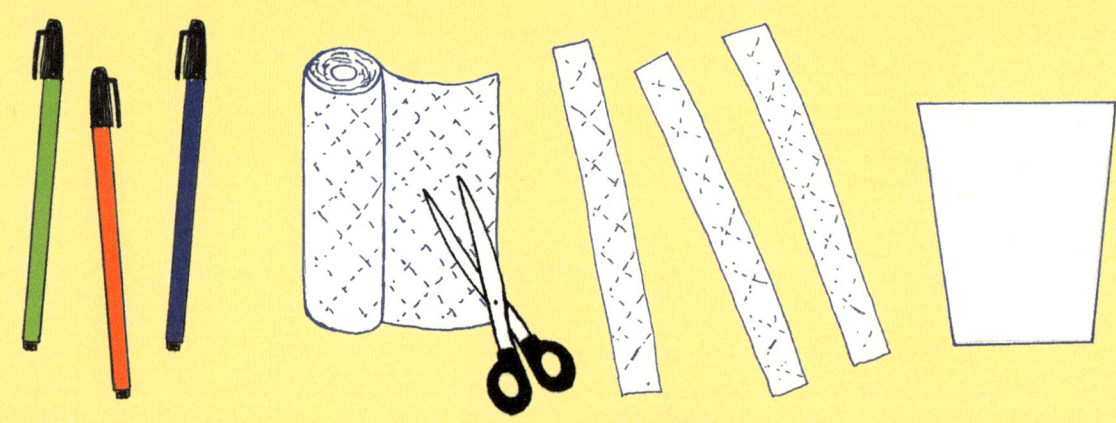

둘째

길쭉하게 자른 종이띠의 끝에서 1cm 정도 떨어진 곳에 작은 동그라미를 그리고 칠해요.
(특히 검정색은 재미있는 결과를 볼 수 있어요!)

셋째

컵마다 약 0.5cm 깊이로 물을 채우고 종이띠들을 담가요. 동그라미가 수면 바로 위에 위치하되 물에 닿지 않도록 해 주어요.

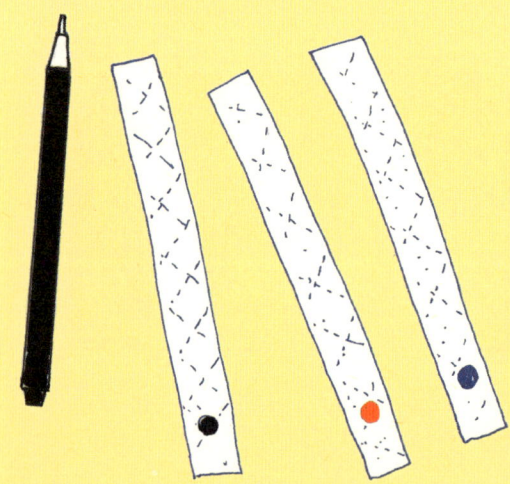
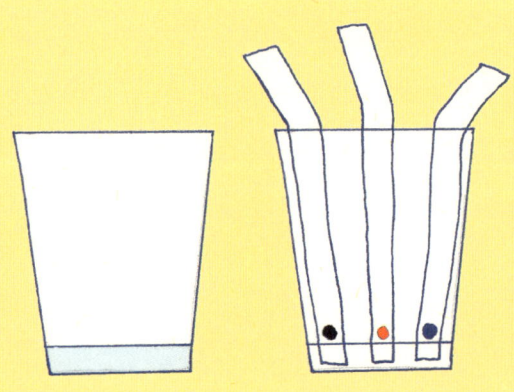

10분 뒤 작은 동그라미에서는 어떤 일이 일어날까요?

똑똑 활동!

종이띠들이 다 마르면, 멋지게 생겨난 무늬들을 잘라 내요. 오른쪽 액자 안에 붙인 뒤 근사한 미술품처럼 꾸며 보아요.

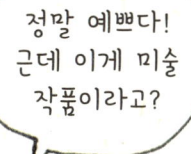

정말 예쁘다! 근데 이게 미술 작품이라고?

잘 모르겠지만, 값이 10억 정도는 나갈걸?

개념과 원리

크로마토그래피는 여러 가지 물질이 섞여 있는 혼합물을 분리하는 방법이에요. 사인펜 잉크에는 갖가지 색소가 섞여 있는데, 종이에 사인펜으로 점을 찍은 뒤 물에 담가 두면 각 색소가 저마다 다른 속도로 물을 따라 움직이면서 쉽게 분리된답니다.

내가 검게 보여도 많은 색깔들을 숨기고 있지!

47

물질 3

맛있는 실험

똑똑 활동!

첫째

초콜릿과 아이스크림을 준비한 뒤 각각 삼등분해요.

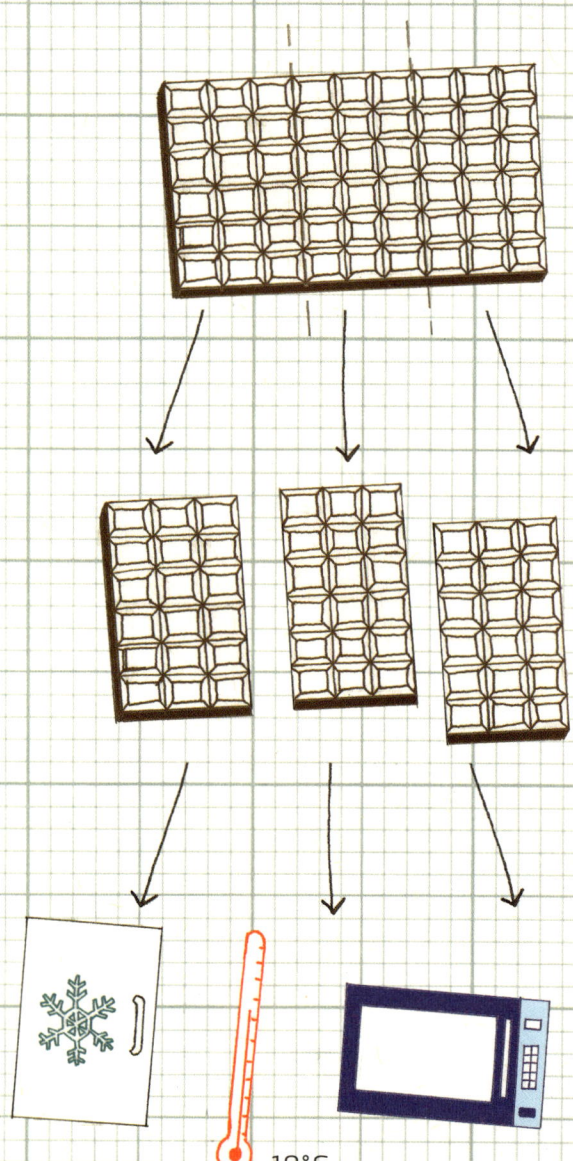

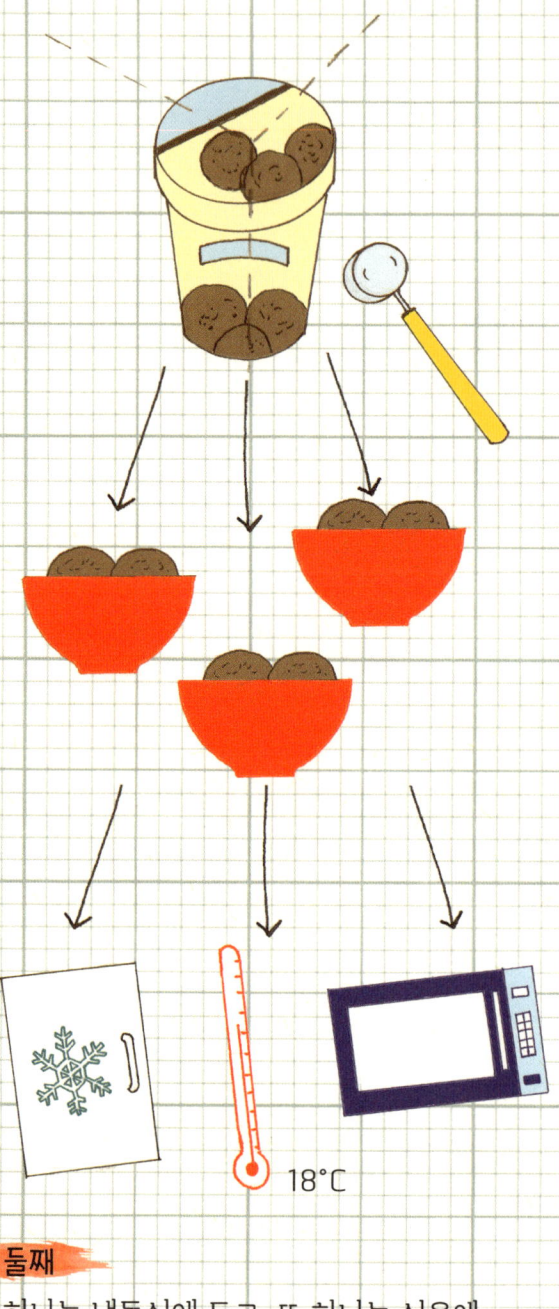

둘째

하나는 냉동실에 두고, 또 하나는 실온에 한 시간 동안 놔두어요. 그리고 마지막 하나는 전자레인지에 데워 따뜻하게 만들어요. 이제 하나씩 맛을 볼까요?

어때요? 온도가 다르면 맛도 다르게 느껴지나요?

똑똑 활동!

각각의 초콜릿과 아이스크림을 먹은 뒤 그 맛과 질감을 옆에 적어 보아요. 가능한 복잡하고 어려운 단어들을 많이 이용해서 고급 레스토랑의 메뉴판처럼 써 보아요!

"초콜릿을 얼려서 먹으니까 꽤 맛있는데?"

전채 요리
얼린 초콜릿과 얼린 아이스크림

주요리
실온에 둔 초콜릿과 아이스크림

디저트
따뜻한 초콜릿과 따뜻한 아이스크림

개념과 원리

초콜릿과 아이스크림은 각각 다른 온도에서 고체에서 액체로 변해요. 이렇게 '녹는점'은 물질마다 모두 달라서 그 물질만의 고유한 특성이라고 할 수 있답니다. 그리고 녹는 과정은 순간적으로 일어나지 않고 천천히 진행돼요. 그래서 냉동실에 둔 초콜릿과 실온에 둔 초콜릿이 모두 고체인 거예요.

아이스크림은 실온에서 녹지만, 초콜릿은 고체 상태를 유지해요.

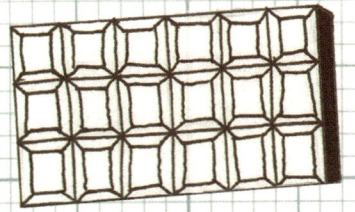

소리 1

배경 소음

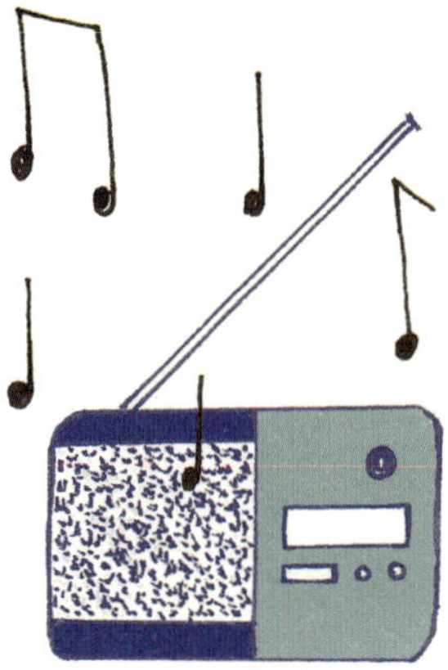

똑똑 활동!

1분 동안 눈을 감고 주변의 소리에 귀 기울인 뒤, 들리는 소리를 빈칸에 그리거나 적어 보아요. 평소에 잘 듣지 못했던 소리들이 있나요?

핑!

난 일할 때 휘파람을 불지!

들리는 것 가운데 가장 작은 소리는 무엇인가요? 그 소리를 글자로 적어 보아요.

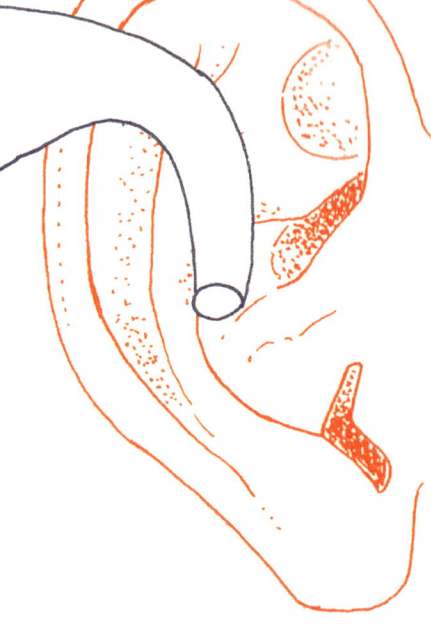

개념과 원리

소리는 물체가 떨릴 때 생겨요. 물체의 진동에 의해 생긴 음파가 우리 고막을 울려 귀에 들리는 거예요. 우리는 귀를 닫을 수 없기 때문에 모든 소리가 다 전달되지요. 그런데 어느 정도 시간이 지나면 뇌가 배경 소음들을 걸러 내서 나중에는 잘 의식하지 못하게 된답니다.

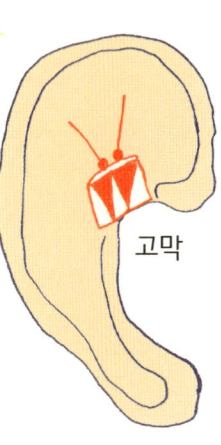

고막

소리 2
빨대 피리 연주

똑똑 활동!

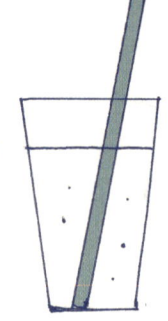
우아, 내가 음악에 재능이 있을 줄이야!

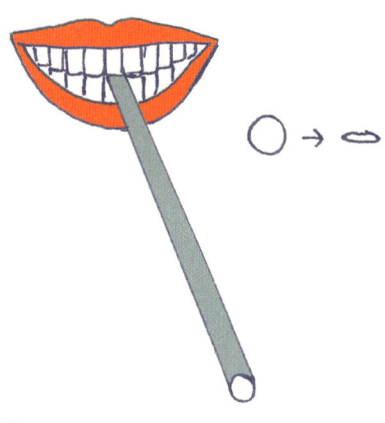

첫째

빨대의 한쪽 끝을 이로 잘근잘근 물어서 납작하게 만들어요.

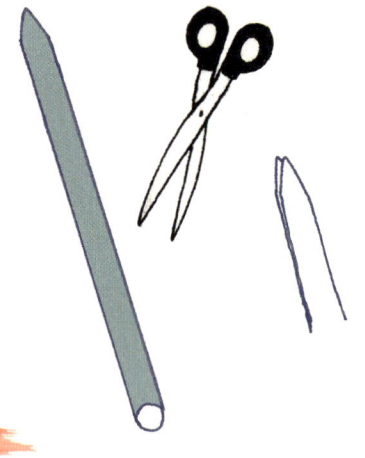

둘째

납작한 부분의 모서리를 잘라서 연필심 모양으로 만들어요.

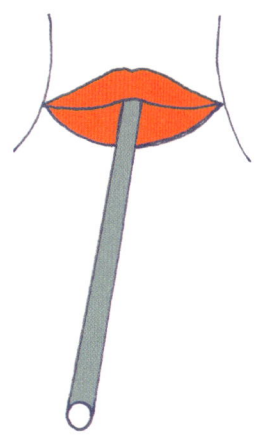

셋째

납작한 쪽을 물고 입술로 빈틈없이 감싼 뒤 불어 보아요! 음을 연주할 수 있을 때까지 세게 또는 약하게 불어요.

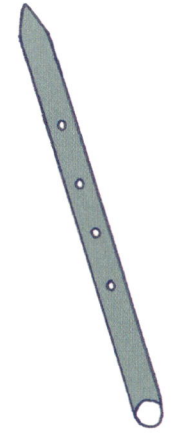

넷째

이번에는 빨대에 구멍을 여러 개 뚫은 뒤 불어 보아요. 높낮이가 다른 음이 나오나요?

똑똑 활동!

친구들과 함께 재활용품으로 악기를 만든 뒤 음악을 연주해 보아요.

개념과 원리

빨대를 입에 물고 바람을 불면 빨대 끝이 흔들리면서 움직여요. 이 진동이 빨대관을 타고 내려가면서 소리가 만들어지는 거예요. 소리의 높낮이는 소리가 진동하는 횟수(진동수)와 관계가 있어요. 진동수가 많을수록 높은 음이 나지요. 반면 큰 소리와 작은 소리는 소리가 진동하는 폭(진폭)에 따라 달라요. 진폭이 클수록 소리가 크게 난답니다.

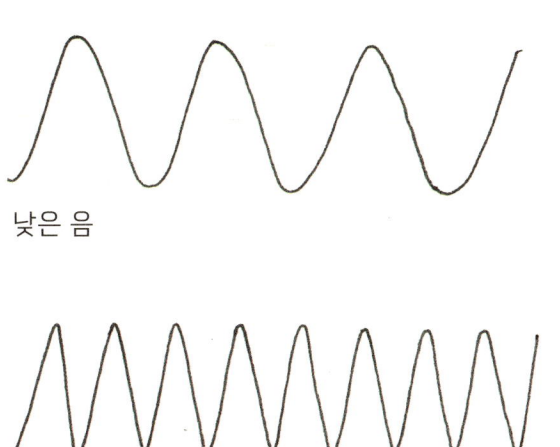

낮은 음

높은 음

소리 3
새로운 악기 만들기

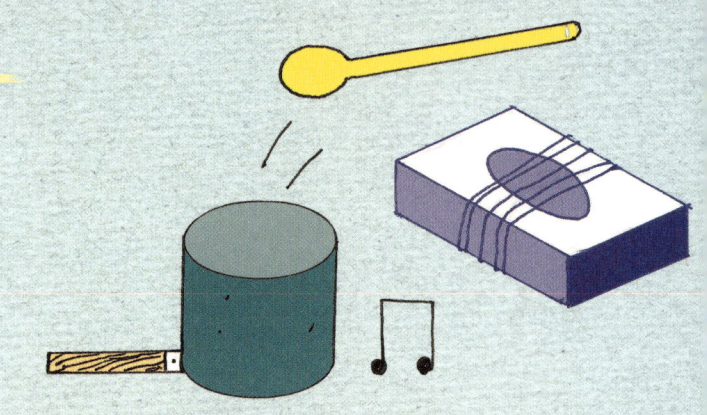

똑똑 활동!
나만의 악기를 구상해 아래 빈칸에 그려요.
그리고 이 악기에서 나는 소리도 설명해 보아요.

사진 속 관악기에서 나는 소리를
여러 가지 색으로 표현해 보아요.
소리에는 색깔이 없지만 색칠하는
일은 언제나 즐거우니까요.

개념과 원리

악기들은 각기 다양한 방식으로 소리를 만들어 내요. 하프나 피아노 같은 현악기는 줄을 퉁기거나 떨어서 소리를 내고, 관악기인 플루트나 트럼펫은 관 안에 입김을 불어 넣어 공기를 진동시키지요. 북, 심벌즈, 실로폰 등 타악기는 가죽·금속·나무로 만들어진 악기를 두드려서 생기는 진동으로 소리가 난답니다. 그런데 이 아름다운 음악을 들으려면 소리를 전달해 주는 공기가 있어야 해요. 공기가 없는 진공 상태에서는 아무 소리도 들리지 않거든요.

현악기

신나게
연주해 봐!

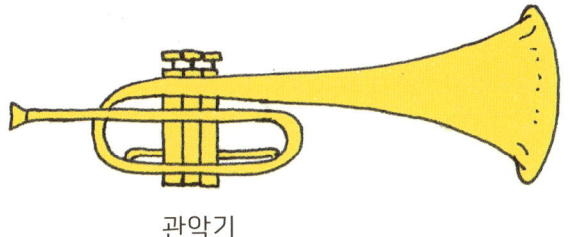

관악기

타악기

소리 4

책으로 만드는 소리

똑똑 활동!

이 책을 손가락이나 다른 물건으로 두드리고 쳐 보아요. 어떤 소리가 나나요?

여기를 두드려요!

손가락으로 쓸어 보아요!

챙챙챙!

책으로 더 많은 소리를 만드는 방법이 89쪽에 있어요!

드럼 독주!!

쾅쾅!

개념과 원리

드럼 연주자들은 다채로운 소리를 내기 위해 딱딱한 나무 스틱이나 끝을 부드러운 천으로 감싼 말렛, 브러시로 만든 것 등 여러 종류의 채를 사용해요. 이 채들은 각기 다른 진동을 만들어 내고 진동에 따라 다양한 소리를 내게 되지요. 보통 가늘고 가벼운 채는 음량이 작고, 굵고 무거운 채는 강한 힘이 전달되어 음량이 크답니다.

내 몸은 아주 부들부들해!

쿵쿵쿵쿵!

전기와 자기 1
나만의 발전소 만들기

개념과 원리

발전소는 물, 기름, 석탄, 천연가스 등으로 발전기를 돌려 전기를 만드는 시설이에요. 대부분의 발전기는 수증기로 터빈을 돌려서 구리줄로 만든 코일 안의 큰 자석을 회전시켜요. 그 결과 전기가 발생하여 코일의 구리줄을 타고 흐른답니다.

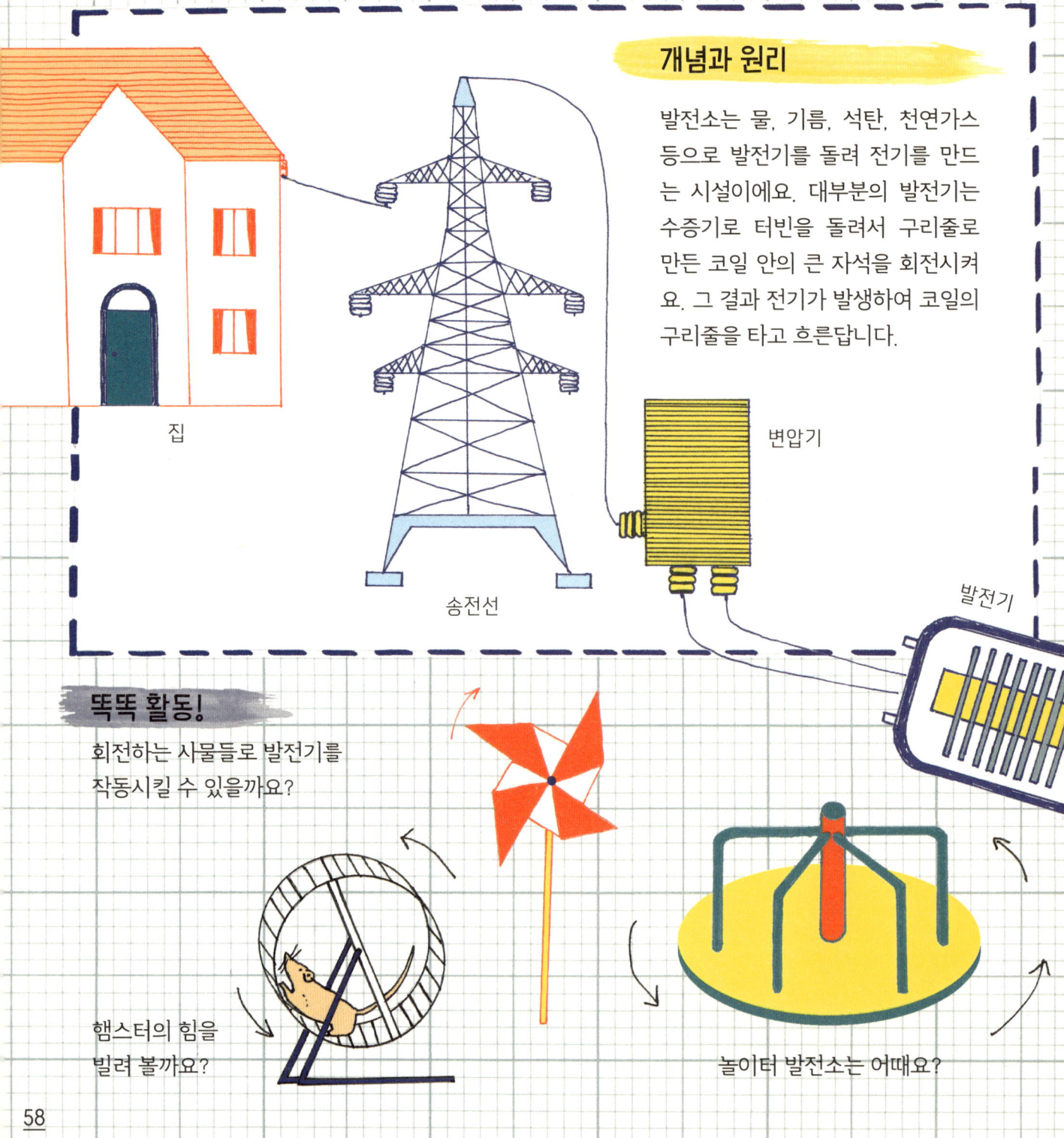

집 · 송전선 · 변압기 · 발전기

똑똑 활동!

회전하는 사물들로 발전기를 작동시킬 수 있을까요?

햄스터의 힘을 빌려 볼까요?

놀이터 발전소는 어때요?

똑똑 활동!

발전기를 회전시켜 전기를 만들 수 있는 방법을 생각해 보아요.

빙글빙글
회전시켜요!

전기와 자기 2
휘어지는 물줄기

똑똑 활동!

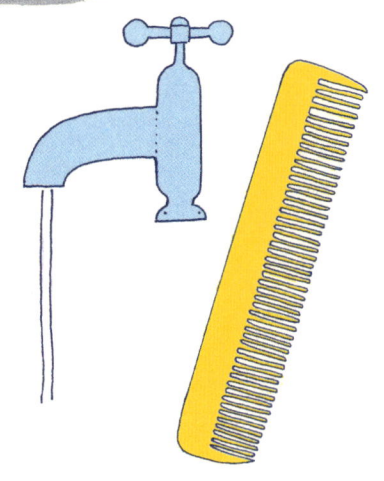

첫째
플라스틱 빗을 준비해 세면대로 가요. 수도꼭지를 조절해서 물줄기가 아주 가늘게 나오도록 만들어요.

둘째
빗으로 머리를 열 번 빗은 뒤 빗을 물줄기 가까이에 대 보아요. 물줄기가 휘기 시작할 거예요!

개념과 원리

빗으로 머리를 빗은 뒤 흐르는 물줄기에 가까이 가져가면, 직선으로 흐르던 물이 빗 쪽으로 조금 휘어지는 것을 볼 수 있어요. 바로 '정전기' 때문이랍니다. 정전기는 같은 부호의 전하 사이에는 밀어내는 힘이, 다른 부호의 전하 사이에는 끌어당기는 힘이 작용해요. 즉, 머리를 빗는 동안 빗이 머리카락과 마찰하면서 음전하를 띠게 되고, 이 음전하들이 물 안의 양전하 입자를 끌어당기면서 물줄기를 휘게 만든 것이지요.

똑똑 활동!

내 빗이 만들어 내는 정전기가 무척 강해서 아주 많은 양의
물을 끌어당길 수 있다고 상상해 보아요.
이 물을 어떻게 이용하면 좋을까요?

95쪽에 또 다른 정전기 실험이 있어요.

전기와 자기 3

자석이 끌어당기는 힘

똑똑 활동!

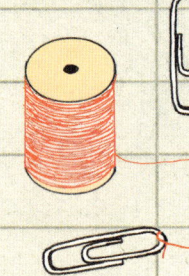

첫째

자석, 클립, 실을 준비해요. 클립에 실을 묶은 뒤 실의 나머지 한쪽 끝을 무거운 물건으로 눌러 두어요.

둘째

자석을 클립 가까이 가져가 공중으로 띄워 보아요. 단, 자석이 클립에 닿아서는 안 돼요. 클립을 얼마나 높이 들어 올릴 수 있나요?

자석으로 공중에 띄울 수 있는 물건은 무엇일까요?
(*단, 자석 가운데 자력이 센 네오디뮴 자석을 사용해야 해요.)

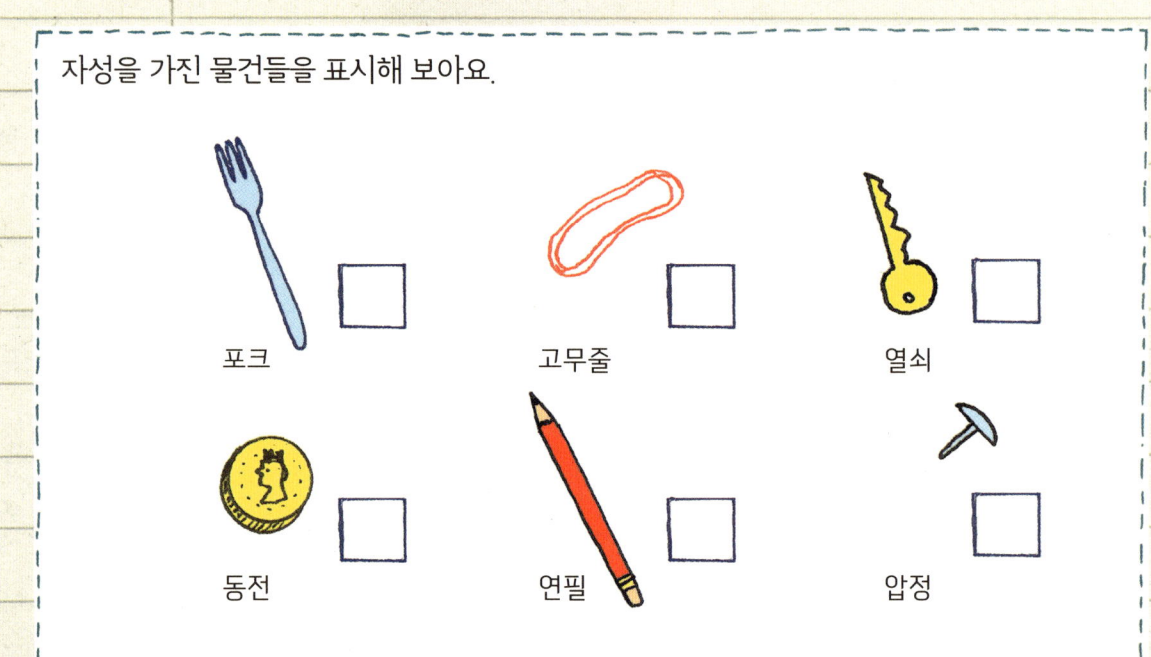

자성을 가진 물건들을 표시해 보아요.

포크 / 고무줄 / 열쇠 / 동전 / 연필 / 압정

62

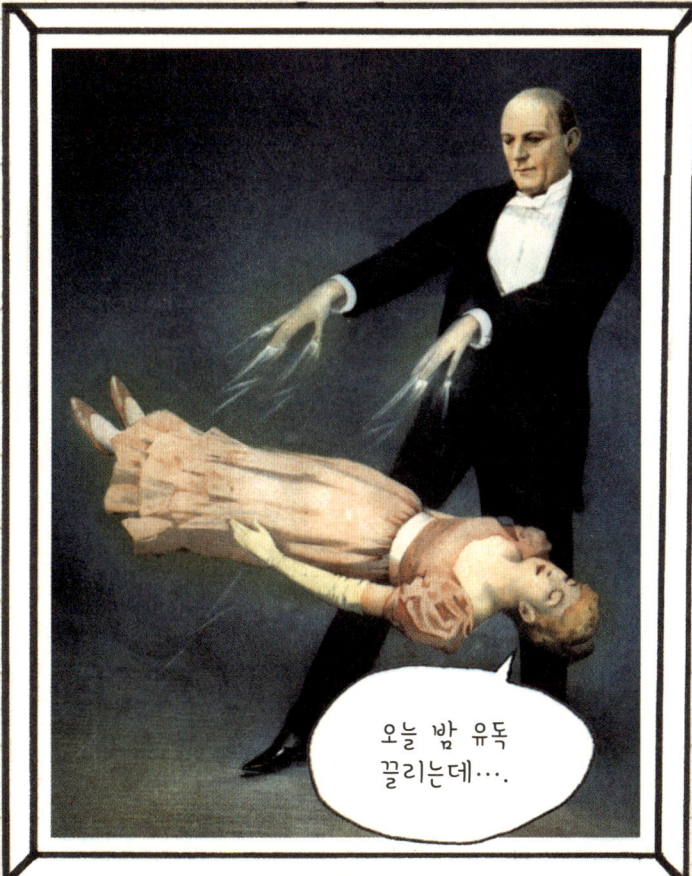

오늘 밤 유독 끌리는데….

똑똑 활동!

물이 담긴 그릇에 시리얼 한 알을 띄운 뒤, 자성이 강한 자석을 시리얼 가까이 대 보아요. 그리고 자석을 천천히 움직이면서 시리얼이 자석을 따라오는지 관찰해 봐요.

개념과 원리

자석은 눈에 보이지 않는 '자기장'이라는 공간을 주변에 만들어요. 자석은 이 안에서 자성을 띠는 물체들을 자기 쪽으로 끌어당기지요. 어떤 시리얼은 철분을 함유하고 있는데, 철분에도 자성이 있답니다. 철분이 많이 들어 있을수록, 시리얼이 마법처럼 움직일 거예요.

철분이 들어 있어요!

여기가 자기장 풀밭인가?

전기와 자기 4
정전기로 머리 빗기

똑똑 활동!

첫째

집 안에 있는 다양한 물건들을 머리카락에 대고 문질러 보아요. 어떤 물건들이 머리카락을 끌어당기나요?

둘째

여러분의 얼굴을 그린 뒤 머리카락을 끌어당긴 모든 물건들을 머리 주위에 그려 보아요.

옆의 물건으로도 실험해 보아요!

머리빗

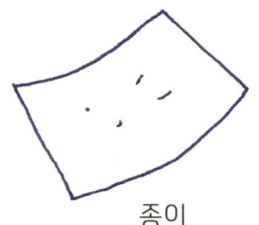
종이

★ 특급 경고 ★
전기 콘센트는 절대 건드리면 안 돼요.
감전되어 죽을 수도 있거든요!

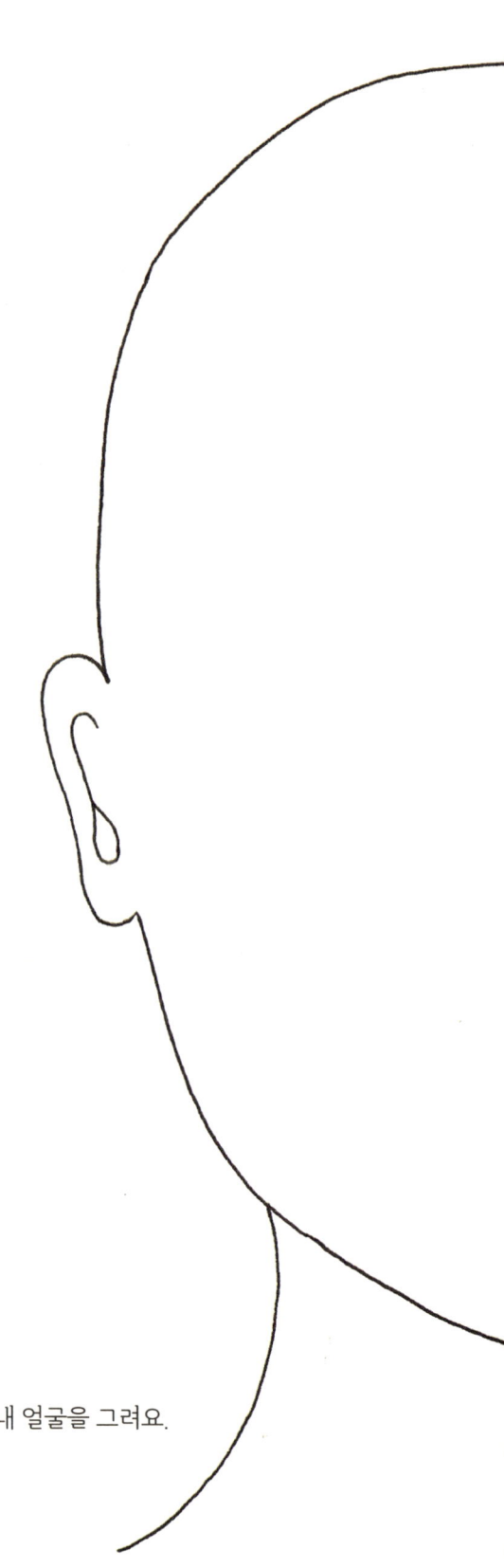
내 얼굴을 그려요.

내 머리카락을 그려요.

풍선

털장갑

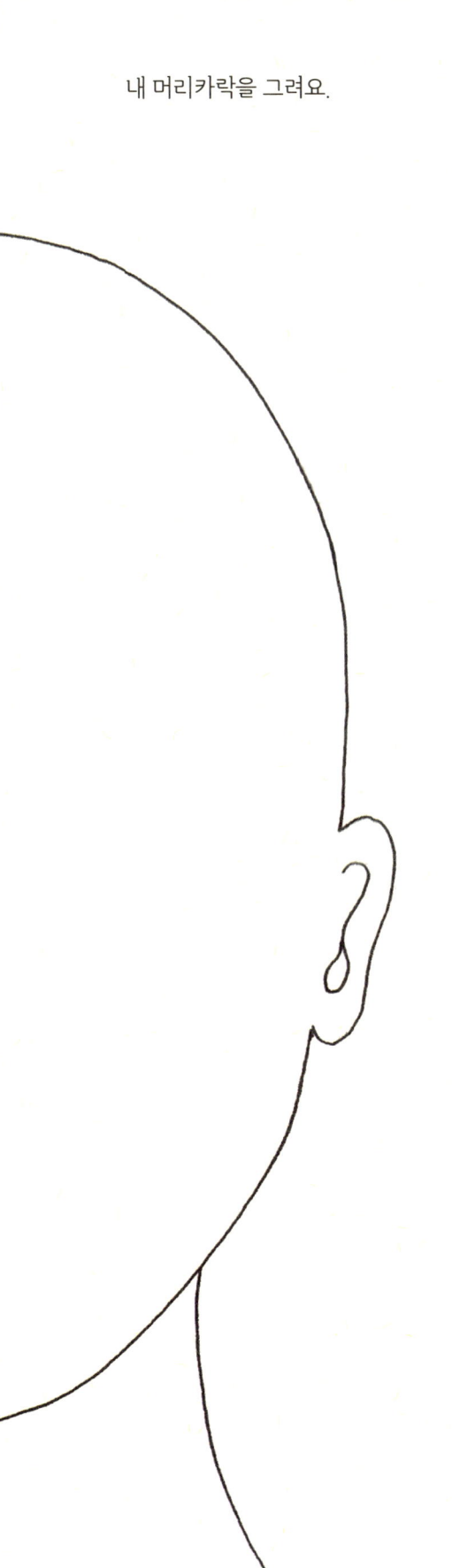

개념과 원리

정전기가 생기는 이유는 '마찰' 때문이에요. 모든 물체의 주변에는 전자들이 돌고 있는데, 물체가 서로 접촉하면서 마찰이 일어나면 전자가 두 물체 사이를 왔다 갔다 하면서 정전기가 발생한답니다.

나만의 과학 실험실!

페이지를 오려서 직접 실험해 보아요!
찢고, 잘라 내고, 물질을 떨어뜨려 보면서 과학 원리를 배워요.

종이비행기 경주

똑똑 활동!

힘과 운동 실험실

69~72쪽의 무늬 종이로 종이비행기 2개를 접은 뒤 날려 보아요.

• 올빼미 •

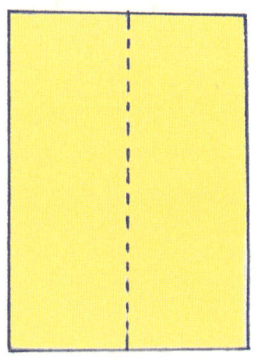

1. 종이를 길게 반으로 접어요.

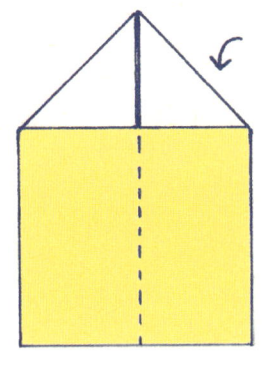

2. 위쪽 모서리들을 가운데 선 쪽으로 접어요.

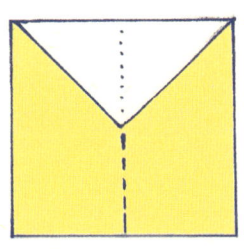

3. 삼각형 모양이 된 위쪽 부분을 아래로 접어 내려요.

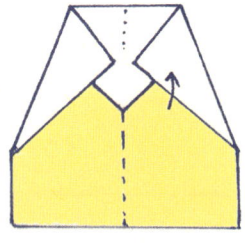

4. 다시 위쪽 모서리들이 가운데 선에서 만나도록 접어요. 이때 위에서 6cm 정도 떨어진 곳에서 만나도록 접어야 해요.

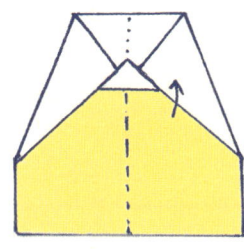

5. 처음에 접어 내린 부분을 덮개 위로 올려 접어요.

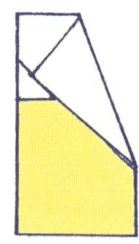

6. 비행기를 반으로 길게 접은 뒤 평평하게 눌러요.

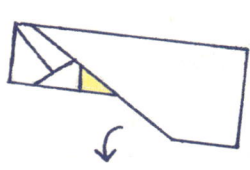

7. 바깥쪽 모서리가 날개가 되도록 접어 내려요.

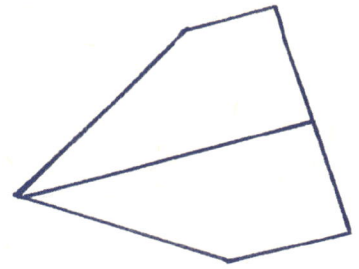

8. 비행기가 완성되었어요!

67

▪송골매▪　　　　　　　　　　　힘과 운동 실험실

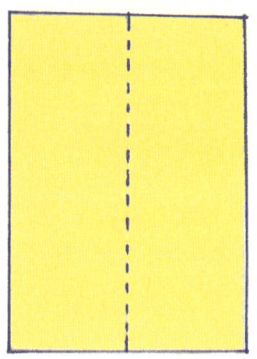
1. 종이를 길게 반으로 접어요.

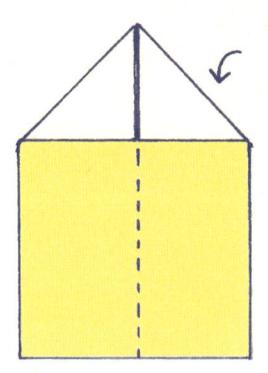
2. 위쪽 모서리들을 가운데 선 쪽으로 접어요.

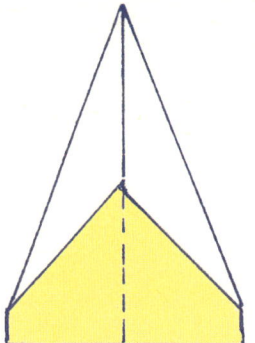
3. 위쪽 빗변이 가운데 선에서 만나도록 한 번 더 접어요.

4. 비행기를 반으로 접어요.

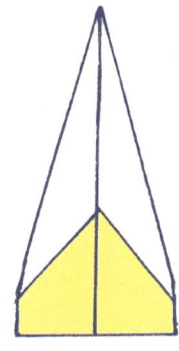
5. 손으로 잡을 부분만 조금 남기고 날개를 바깥쪽으로 접어요.

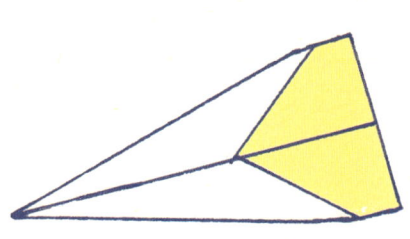
6. 비행기가 완성되었어요!

종이비행기를 여러 번 날려 보고, 얼마나 오래, 얼마나 멀리 날았는지 기록해요. 어떤 비행기가 가장 멀리 그리고 오래 날았나요?

개념과 원리

하늘을 나는 비행기에는 몇 가지 힘이 작용해요. 그 가운데 '추진력'은 비행기의 엔진에서 발생되는 힘으로, 비행기가 앞으로 나아가게 만들어 주어요. 그리고 비행기의 날개에서 만들어지는 '양력'은 비행기가 위로 떠오를 수 있도록 도와주지요.

쪽매맞춤과 칠교놀이

수학 실험실

똑똑 활동!

다음 모양들을 오려 내 23쪽에서 쪽매맞춤을 완성해 보아요.

똑똑 활동!

아래의 칠교도 조각들을 오려서 75쪽에 있는 모양들을 만들어 보아요.

수학 실험실

칠교놀이

똑똑 활동!

오려 낸 칠교도 조각들로 아래의 모양들을 만들어요.

수학 실험실

배 　　　사람 　　　비행기

백조 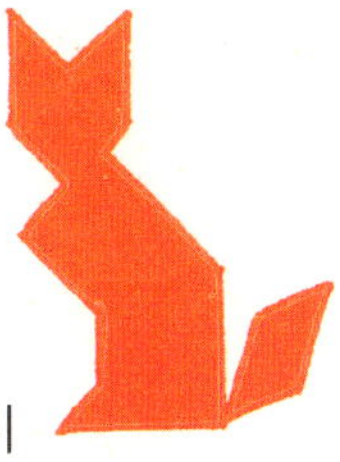　　　고양이　　　집

개 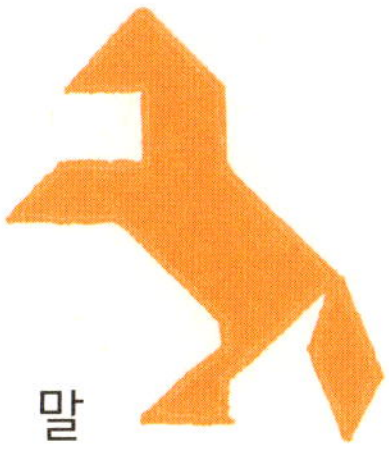　　　말 　　　로켓

물고기

토끼

개념과 원리

칠교놀이는 수백 년 전 중국에서 만들어진 기하학 퍼즐이에요. 정사각형을 일곱 조각으로 나눈 장난감 '칠교도'를 인물, 동물, 식물, 건축물 등 온갖 사물로 만들며 노는 놀이랍니다. 여러분도 한번 도전해 보아요!

태양계 오러리 만들기

먼저 태양, 지구, 달의 모형을 오려요. 이 모형들을 합체시키려면 2개의 할핀이 필요해요.

똑똑 활동!

첫째
77쪽의 오리기 조각들을 오려요. 그런 다음 조각 뒤에 지우개를 받치고 뾰족한 연필로 점이 표시된 곳에 구멍을 뚫어요.

둘째
할핀을 이용해 조각 1~3을 차례로 붙여요. 이때 조각 1이 맨 위에 와야 해요.

셋째
모두 합쳐진 조각 1~3을 할핀으로 조각 4에 연결해요.

아래 그림처럼 오리기 조각들을 합치면 돼요.

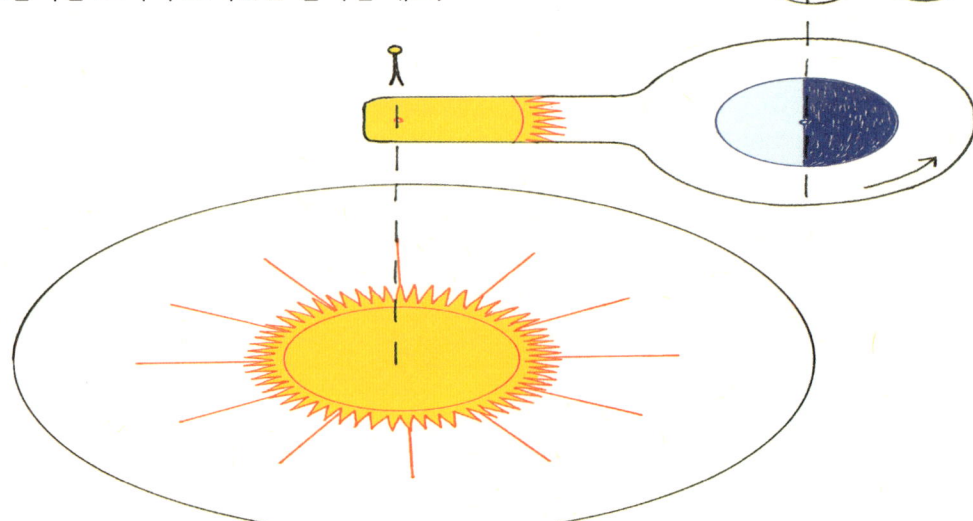

개념과 원리

'오러리'는 태양을 중심으로 공전하는 행성들을 보여 주는 태양계 모형이에요. 이 오러리를 통해 태양의 둘레를 도는 달과 지구의 움직임을 알 수 있답니다.

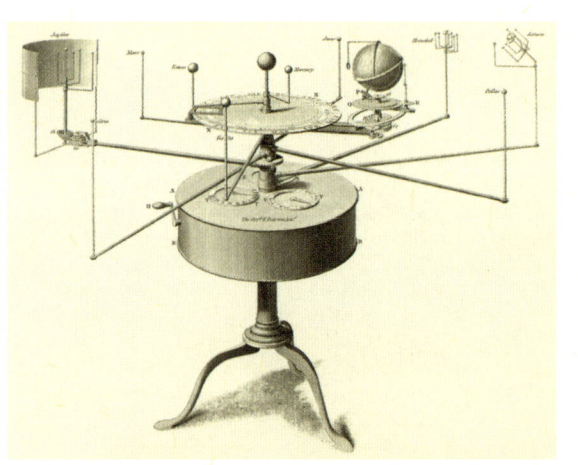

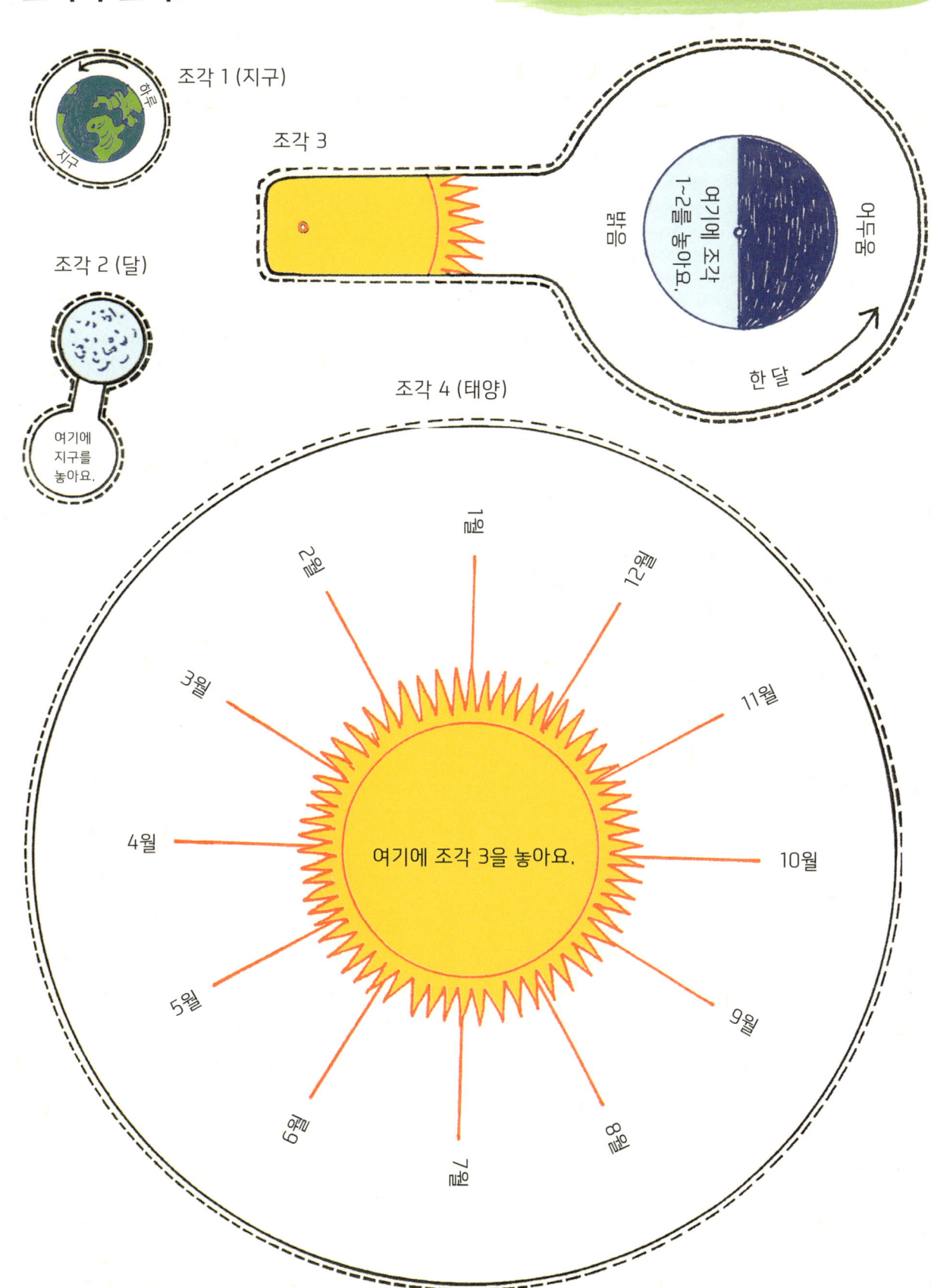

그림자 인형 놀이

그림자 인형을 만들어서 빛이 어떻게 움직이는지 관찰해 보아요. 연필 2개와 셀로판테이프 그리고 손전등이나 책상 등이 필요해요.

똑똑 활동!

첫째

다음 모양들을 오린 뒤 뒷면에 셀로판테이프로 연필을 붙여서 손잡이를 만들어요.

둘째

어두운 방에서 손전등이나 책상 등을 켜 놓고, 그 앞에 그림자 인형을 놓아 벽에 그림자를 만들어요. 그런 다음 인형을 불빛에 가까이 가져가거나 혹은 멀리 떨어뜨려도 보고, 기울여도 보아요. 그림자가 어떻게 보이나요? 또 불빛을 하나 더 추가하면 어떤 변화가 생기나요?

빛 실험실

개념과 원리

공기 중의 빛은 직진하는데, 불투명한 물체가 앞을 가로막고 있으면 통과하지 못해요. 즉, 물체 뒤쪽으로는 빛이 닿지 않아 어두워지죠. 이것이 바로 그림자예요. 그리고 전등과 인형 사이의 거리가 가까우면 그림자가 커지고, 거리가 멀어지면 그림자가 작아지지요. 이렇게 그림자의 크기가 광원과의 거리에 따라 변하는 것은 빛이 직진하기 때문이랍니다.

액체 경주

똑똑 활동!

물질 실험실

이 페이지를 잘라서 평평한 바닥에 놓은 다음, 각각의 액체를 별 모양 위에 한 방울씩 떨어뜨려요. 이제 종이 위쪽을 들어 올려 액체를 흘려 내려요. 경주에서 어떤 액체가 1등을 할지 맞혀 볼까요?

기름 물 케첩 꿀

81

액체 미로

똑똑 활동!

물질 실험실

방향 조종이 가장 쉬울 것 같은 액체를 선택한 뒤 한 방울을 떨어뜨려 아래 미로를 빠져나가 보아요.

↓
출발

↓
도착

액체 경주 시상식

어떤 액체가 가장 빨랐나요?
시상대 위에 결과를 적어 보아요.

물질 실험실

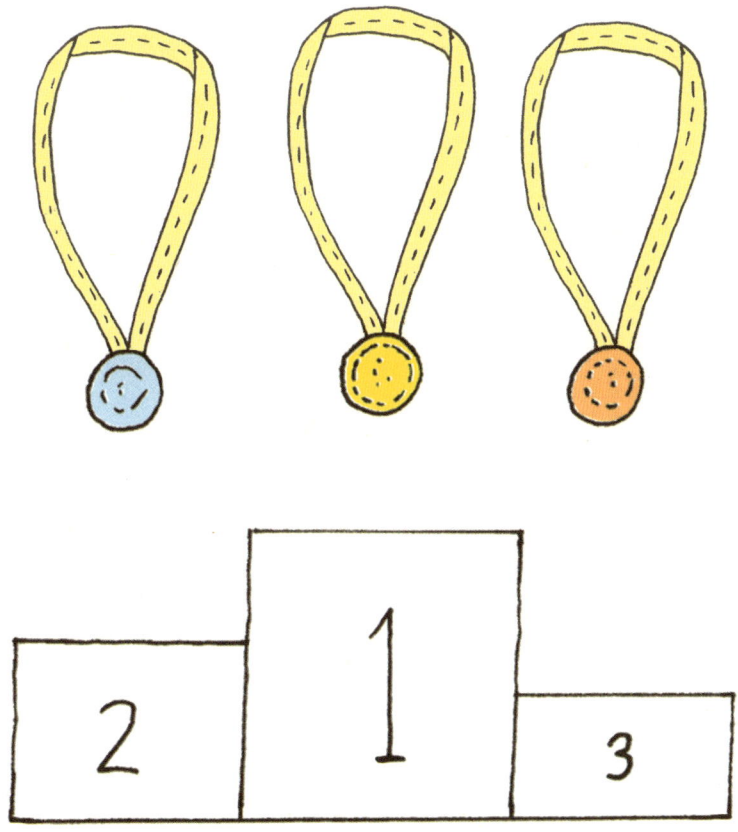

개념과 원리

액체마다 흘러내리는 속도가 다른 이유는 끈끈한 정도가 다르기 때문이에요. 이렇게 액체의 끈끈한 성질을 '점성'이라고 해요. 액체를 흔들었을 때 잘 흔들리지 않을수록 점성이 크답니다. 다른 예로, 물과 식용유에 각각 구슬을 넣어 보면 식용유 안의 구슬이 더 천천히 가라앉아요. 식용유가 물보다 점성이 더 크기 때문이지요. 점성이 크면 서로 떨어지지 않으려고 해서 다른 물질이 그 사이를 통과하기 어렵거든요.

샴푸 보트

표면 장력 마법으로 보트를 빠르게 움직여 볼까요? 큰 욕조와 물, 샴푸만 있으면 얼마든지 가능해요.

똑똑 활동!

첫째
87쪽의 모터보트 그림을 오린 뒤 물을 채운 욕조에 띄워요.

둘째
보트 뒤쪽에 샴푸를 한 방울 떨어뜨려요.
보트가 물 위에서 쌩하고 앞으로 나아갈 거예요.

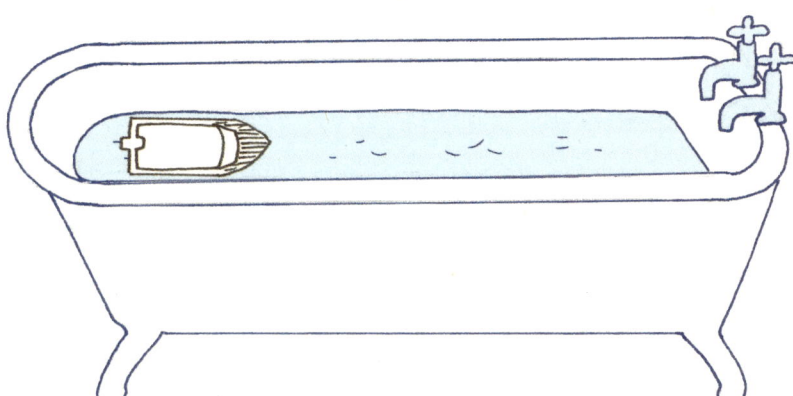

개념과 원리

물 분자는 서로 꼭 붙어 있으려는 성질 때문에 표면을 팽팽하게 만드는 힘이 있어요. 이를 '표면 장력'이라고 해요. 물 위에 종이가 뜨는 것도 종이가 물의 표면 장력을 깨지 못하기 때문이죠. 그런데 물과 성질이 다른 샴푸(계면 활성제)를 떨어뜨리면 표면 장력이 약해져서 배가 움직이는 것이랍니다.

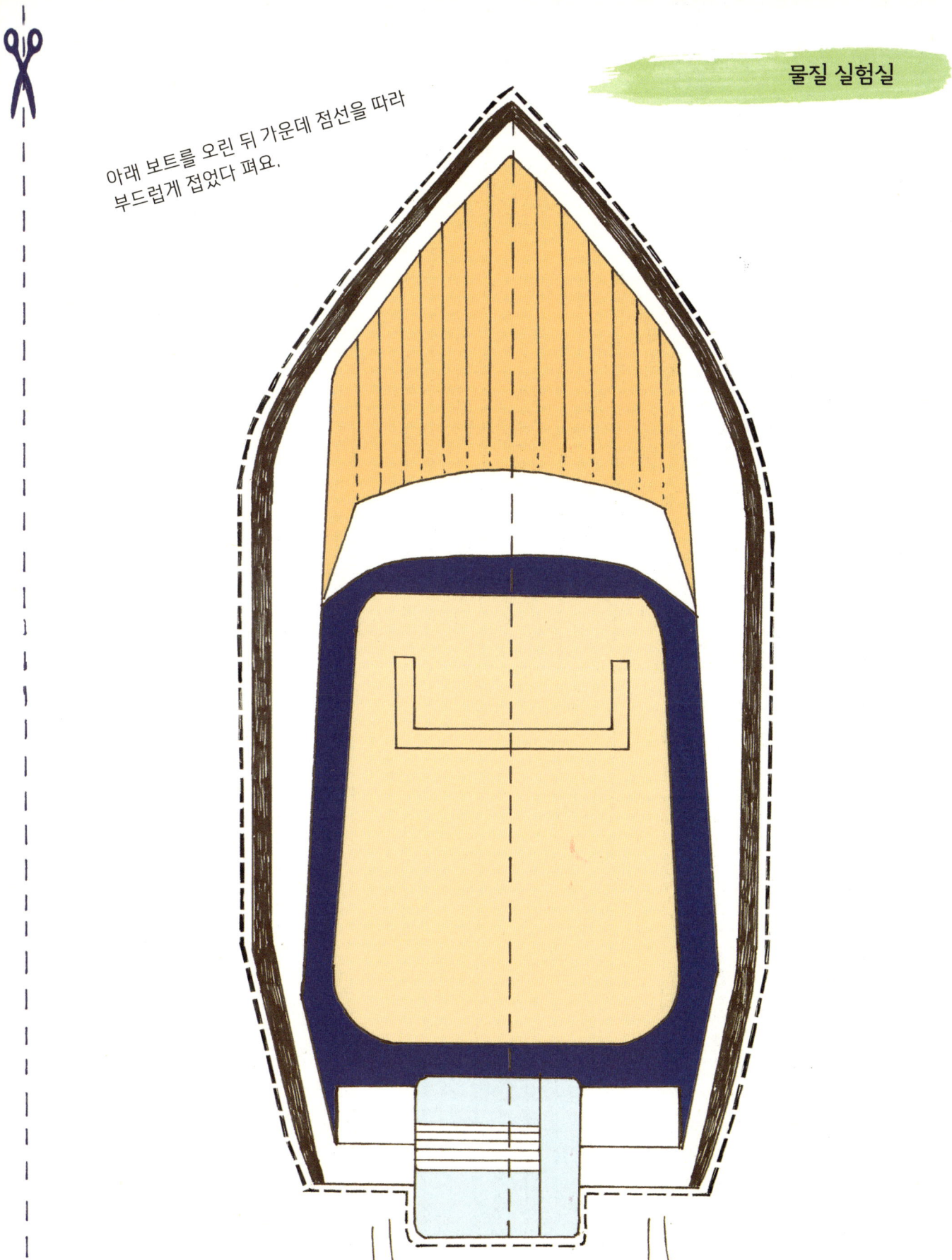

물질 실험실

아래 보트를 오린 뒤 가운데 점선을 따라 부드럽게 접었다 펴요.

책으로 만드는 소리 2

똑똑 활동!

이 페이지를 찢고, 구기고, 홱 잡아당겨서 가능한 많은 소음들을 만들어 보아요.

소리 실험실

여기를 찢어요!

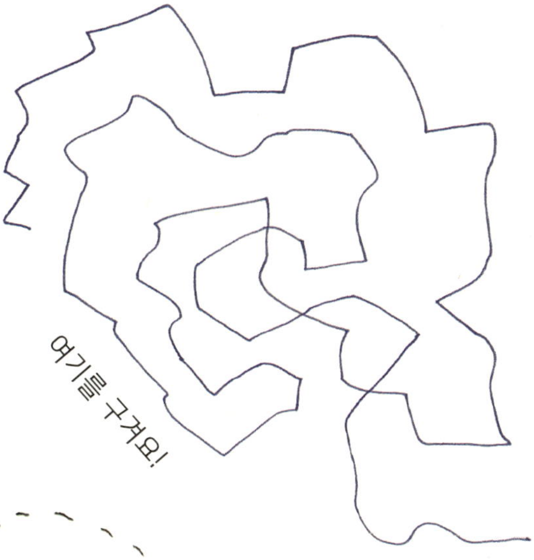

여기를 구겨요!

종이를 팔랑팔랑 흔들어요!

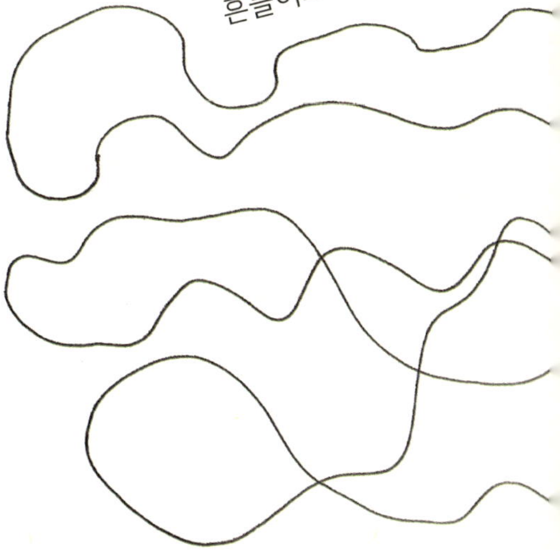

선을 마구 헝클어 그려요!

여기를 홱 잡아당겨요!

하나, 둘! 하나, 둘! 녹음 중….

89

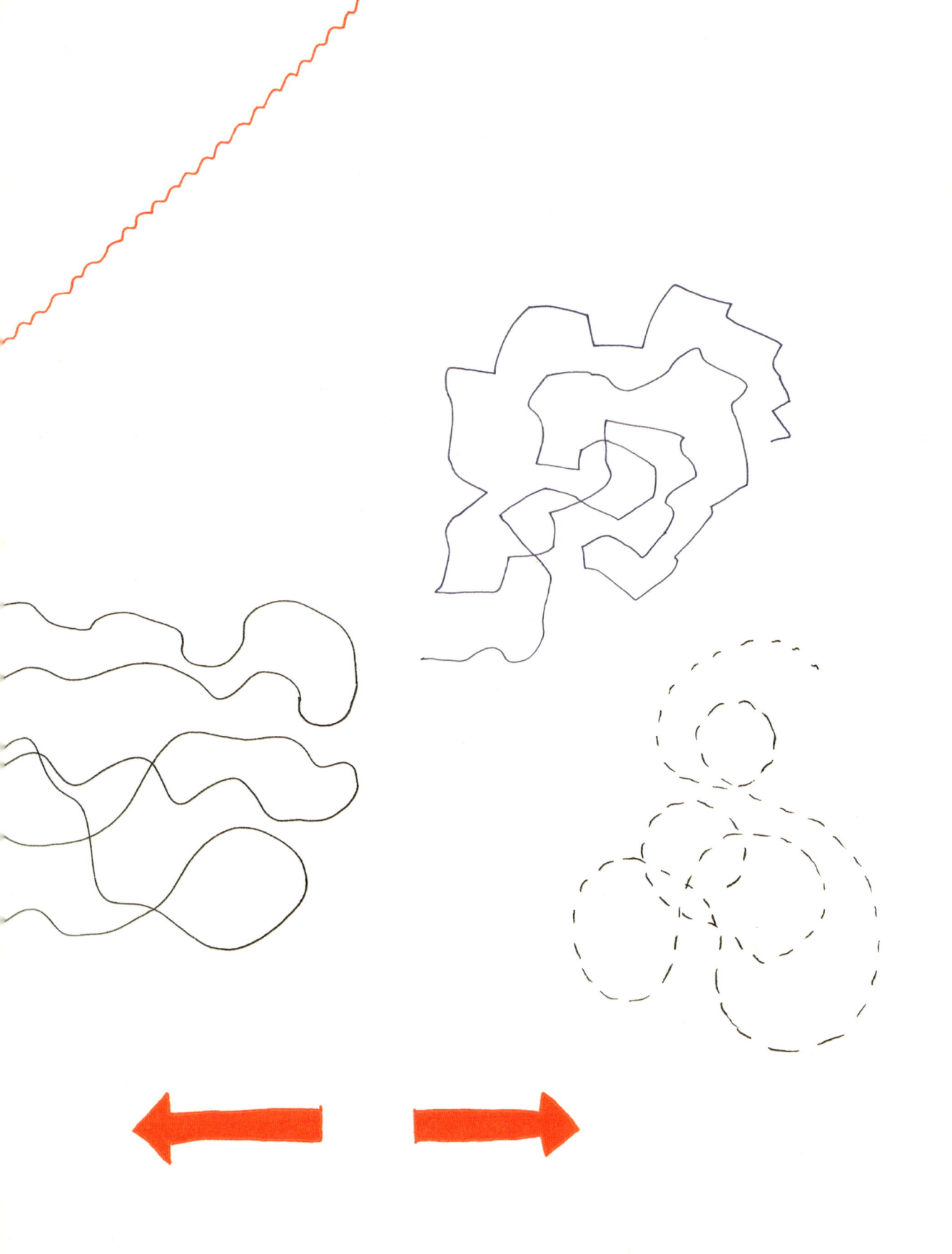

종이 피리

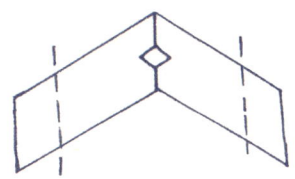

소리 실험실

똑똑 활동!

종이로 피리를 만들어 불어 보아요. 여러분을 대박 (혹은 쪽박) 스타로 만들어 줄 거예요!

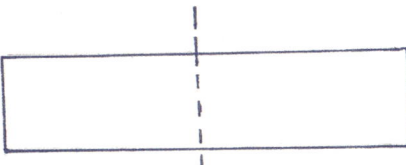

1. 가로 20cm, 세로 8cm 정도 되는 길쭉한 종이를 반으로 접어요.

2. 접힌 부분의 가운데를 작은 삼각형 모양으로 오려요.

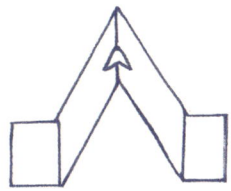

3. 양 끝을 접어서 손잡이를 만들어요.

4. 종이 피리를 손가락 사이에 끼우고 입술에 댄 뒤 귀에 거슬리는 소음이 날 때까지 세게 불어 보아요. 웃긴 표정을 지어도 좋아요.

개념과 원리

종이 피리에 대고 입김을 불면, 피리 안에 존재하던 공기 분자들이 밀려 나가면서 주변보다 압력이 낮아져요. 반대로 피리 바깥쪽은 공기 분자들이 모여서 압력이 높아지지요. 이 압력 차이로 인해 피리 양옆이 빠르게 움직이면서(진동하면서) 삑삑거리는 소리가 나는 거랍니다.

치, 내가 낸 소리 아니라고!

종이 권총

똑똑 활동!

소리 실험실

93~94쪽의 무늬 종이를 사용해 종이 권총을 만들어 보아요.

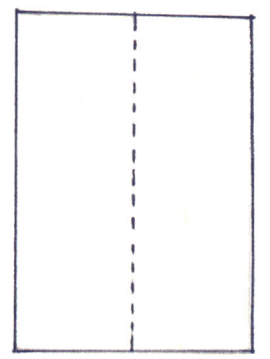
1. 종이를 반으로 길게 접어요.

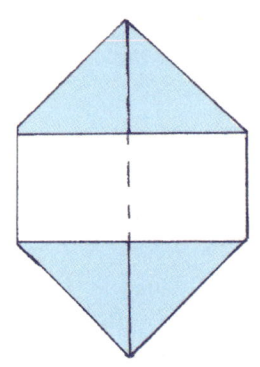
2. 네 귀퉁이를 가운데 선 쪽으로 접어요.

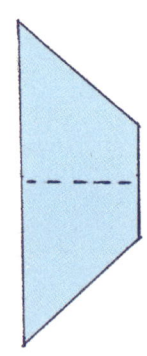
3. 가운데 선을 따라 다시 세로로 접어요.

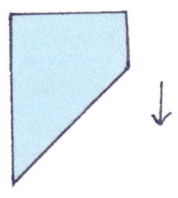
4. 윗부분과 아랫부분이 겹치도록 접어 내려요.

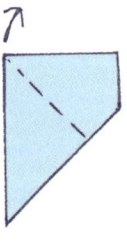
5. 접어 내린 윗부분을 점선을 따라 다시 접어 올려서 삼각형 모형을 만들어요.

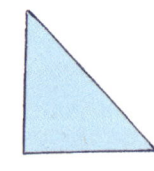
6. 뒤집어서 나머지 한쪽도 위로 접어 올려 더 작은 삼각형을 만들어요.

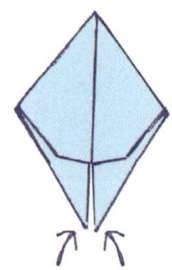
7. 삼각형의 밑면을 잡고 펼치면 위와 같은 모양이 나와요.

8. 다시 원래대로 접은 뒤 그림의 표시된 지점을 잡아요. 빡 소리가 잘 나도록 안쪽으로 접혀 들어간 부분을 바깥쪽으로 살짝 빼요.

9. 팔을 아래쪽으로 빠르게 휘둘러 보아요. 권총이 벌어지면서 빡 소리가 날 거예요.

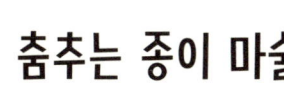

춤추는 종이 마술

전기와 자기 실험실

똑똑 활동!

첫째 이 페이지를 아주 작은 조각으로 잘게 찢어요. 여러분이 할 수 있는 한 가장 작게요. 그런 다음 조각들을 평평한 곳에 올려놓아요.

날 아주 작디작은 조각으로 찢어요!

둘째 플라스틱 빗이나 풍선을 털실 또는 머리카락에 비벼서 정전기를 만들어요. 그런 다음 종잇조각 가까이 가져가 보아요. 자, 이제 종잇조각들이 멋지게 춤추는 모습을 감상해 볼까요!

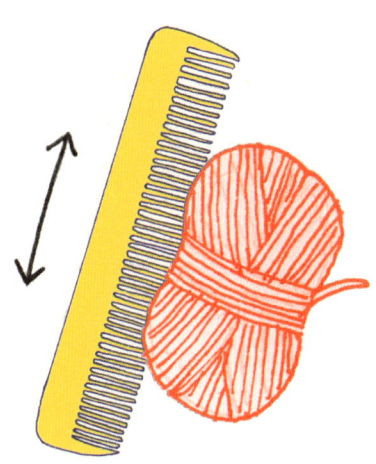

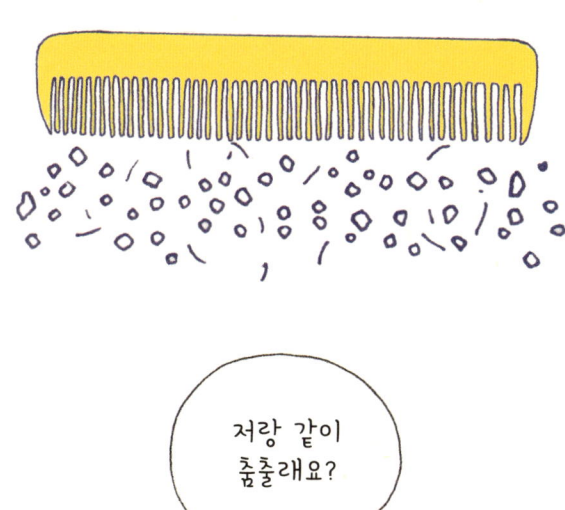

저랑 같이 춤출래요?

글 런던 과학 박물관
1857년에 개관한 런던 과학 박물관은 영국의 과학·기술·의학 발달사를 한눈에 볼 수 있는 약 30만 점의 전시물을 갖추고 있다.
관람객이 직접 만지고 체험할 수 있는 시설도 다양하게 갖추어 어린이와 청소년을 위한 복합 문화 공간으로 많은 사랑을 받고 있다.

그림 해리엇 러셀
런던에서 일러스트를 공부한 뒤, 2001년부터 일러스트레이터로 활발하게 활동하고 있다. 쓰고 그린 책으로는 《사과가 하얗다고?》, 《엘리너와 독수리》, 《봉투》 등이 있다.

옮김 현종오
서울대 화학교육과를 졸업하고, 한국교원대 화학교육과에서 석사 학위를 받았다. 과학 교육의 정상화를 위해 '신나는 과학을 만드는 사람들'을 만들었으며, KBS <과학탐험대>, SBS <호기심천국> 등 과학 프로그램을 기획 자문했다. 현재 중경고등학교 교사로 재직 중이며 전국과학교사협회 고문, 한국과학창의재단 화학교과서 인정감수위원, 2015 교육부 교육과정 연구위원으로 활동 중이다. 《살아 있는 과학》, 《화학, 이제 쉽게 배웁시다》, 《전기 타임캡슐》, 《색, 마술 쇼에 빠져 볼까?》, 《우르릉쾅 날씨 실험실》 등 다수의 책을 썼으며, 옮긴 책으로는 《생활 속 비밀 과학으로 풀기》, 《도전!! 과학마술 1》 등이 있다.